徳之島町立図書館（鹿児島県）
ハイビスカス号

松山市立図書館（愛媛県）
つばき号

佐久市立図書館（長野県）
草笛号

白河市立図書館（福島県）
ゆるりぶ

近江八幡市立図書館（滋賀県）
はちっこぶっく号

富岡町図書館（福島県）
移動図書館

移動図書館の「いま」

全国移動図書館実態調査 2022

石川敬史【編著】

日本図書館協会

The time of Mobile Library Services: A survey in Japan, 2022

移動図書館の「いま」：全国移動図書館実態調査 2022 ／ 石川敬史編著
東京 ： 日本図書館協会, 2025
127p ； 26cm
ISBN978-4-8204-2415-4

機器種別: 機器不用
キャリア種別: 冊子
表現種別: テキスト
表現形の言語: 日本語
著作の優先タイトル: 移動図書館の「いま」‖イドウ トショカン ノ イマ
創作者: 石川, 敬史‖イシカワ, タカシ
BSH4: 自動車文庫
NDC10: 015.5

目　次

1. はじめに —————————————————————————— 7

2. 移動図書館の現在地 ——————————————————— 12
2.1 「移動図書館」とは　12
2.2 台数の推移　13
2.3 現在の台数　14
　（1）都道府県別の台数　15
　（2）都道府県別の市立図書館の台数　16
2.4 移動図書館実態調査の歴史　17
　（1）戦後初期の数的調査　18
　（2）『全国移動図書館要覧』（1954）　18
　（3）『全国移動図書館要覧』（1956）　18
　（4）『全国移動図書館基礎調査一覧（昭和 39 年 2 月 15 日現在)』（1964）　19
　（5）『全国移動図書館調査（昭和 51 年 4 月 1 日現在)』（1976）　19
　（6）『全国移動図書館基礎調査一覧：昭和 54 年度』（1980）　20
　（7）移動図書館実態調査の特徴　20

3. 調査対象と方法 ——————————————————————— 24
3.1 【対象 1】公立図書館未設置の市町村における移動図書館　24
3.2 【対象 2】『日本の図書館』2021 年版における「自動車図書館」保有館　25

4. 移動図書館実態調査報告 ————————————————— 27
4.1 回答館の属性　27
　（1）回答館数　27
　（2）回答館の運営方法　28
　（3）運行開始年度　29
　（4）図書館車の製作年度　30
　（5）回答館 1 館あたりの保有台数　30
4.2 図書館車の詳細　31
　（1）車体種別　31
　　① 車体の種類　31
　　② 車体種別比較（特種用途自動車，「1979 年調査」）　32
　（2）積載冊数　32

　　　　① 積載冊数の傾向　32

　　　　② 児童書の積載割合　33

　　（3）　愛称・呼称　34

　　（4）　車内・車外書架の装備　34

　　　　① 車内書架の有無　35

　　　　② 車外書架の有無　35

　　　　③ 車外書架・車内書架の組み合わせ　35

　　（5）　図書館車の特色装備　35

　4.3　運営方法　36

　　（1）　移動図書館の運営　36

　　（2）　運転手　37

　　（3）　同行人数　38

　4.4　巡回方法　39

　　（1）　年間出動日数　39

　　（2）　年間走行距離　39

　　（3）　土曜日・日曜日の出動　40

　　（4）　ステーション数　41

　　　　① 1巡回あたり平均ステーション数　41

　　　　② 1館あたり合計ステーション数　42

　　（5）　巡回周期　43

　　（6）　標準的な停車時間　45

　　（7）　最長・最短停車時間　45

　　（8）　雨天時の巡回　46

　　（9）　早朝・夜間の巡回　47

　　（10）　定期巡回先　47

　　（11）　巡回時の音楽　50

　　（12）　広報　52

　　（13）　ステーションの運営　52

　　　　① ステーションマスター　53

　　　　② 移動図書館友の会　53

　　　　③ 住民のボランティア　54

　　（14）　臨時巡回　54

　4.5　巡回先での活動　55

　　（1）　貸出冊数　55

　　　　① 貸出冊数の傾向（2021年度・2022年度）　55

　　　　② 最多貸出冊数　56

③　最少貸出冊数　57

（2）　積載資料の種類　57

（3）　積載資料の登録　59

（4）　年間購入冊数・購入費　60

（5）　巡回先での図書館活動　61

（6）　巡回先での貸出方法　62

4.6　コロナ禍の移動図書館　63

（1）　コロナ禍の巡回　63

（2）　地方創生臨時交付金について　63

4.7　移動図書館活動の取り組み　64

（1）　移動図書館の主要な目的　64

（2）　移動図書館への評価　65

（3）　移動図書館運営の課題　66

（4）　移動図書館の可能性・展望　67

5.　調査のまとめ ———————————————— 70

5.1　図書館車について　70

（1）　車体種別　70

（2）　積載冊数　71

（3）　愛称・呼称　72

（4）　車内・車外書架の装備　72

（5）　図書館車の特色装備　73

5.2　運営方法　73

5.3　巡回方法　74

（1）　巡回方法の傾向　74

（2）　定期的巡回の位置と意義　75

（3）　地域住民の参画へ　76

（4）　巡回時の音楽の意図　76

（5）　臨時巡回（出動）への可能性　77

5.4　巡回先での活動　78

5.5　コロナ禍の移動図書館　79

5.6　移動図書館の課題と可能性　80

（1）　移動図書館の目的　80

（2）　移動図書館への評価　81

（3）　移動図書館運営の課題　82

（4）　移動図書館の可能性・展望　83

6. おわりに ——————————————————— 87

資料編 ——————————————————————— 91

1. 調査関係資料 —————————————————— 92
  （1） 【対象1】調査依頼文書（都道府県立図書館）　92
  （2） 【対象1】回答票（都道府県立図書館）　93
  （3） 【対象2】調査依頼文書　94
  （4） 【対象2】回答票の記入の手引き　95
  （5） 【対象2】回答票　99
  （6） 【対象2】ご協力のお願い（督促）　103

2. 調査結果付録 ——————————————————— 104
  （1） 移動図書館愛称一覧　104
  （2） 2022年度のイベント名・活動内容（自由記述）　109
  （3） 新型コロナウイルス感染症への対応（自由記述）：2020-2022年度　114

＊表紙写真
　上　　徳之島町立図書館　　ハイビスカス号
　左　　松山市立図書館　　　つばき号
　右　　白河市立図書館　　　ゆるりぶ
　左下　富岡町図書館　　　　移動図書館

1. はじめに

移動図書館——自動車に本を積み，各地を走る「いま」の活動状況とは？

　移動図書館を対象とした全国実態調査は，1950年代以降，積み重ねられていたが，1979年に実施された『全国移動図書館基礎調査一覧：昭和54年度』[1]（以下，「1979年調査」とする）以降，詳細な実態調査を十分にみることができない。まずは移動図書館の現在地を確認したい——こうした問題意識から全国移動図書館実態調査を実施した。本調査は主に2022年度のデータを対象としている。

　実は移動図書館実態調査に対しては，これまでに戦後日本の移動図書館史研究に取り組む中で，10年ほど前より問題意識を抱いていた。この間，過去に実施された移動図書館実態調査のレビューとともに，2016年に埼玉県内の公立図書館を対象とした移動図書館実態調査を試み，ささやかに予備的な考察を進めてきた[2]。この2016年の調査にあたっては，埼玉県内の公立図書館関係者の多大なるご協力をいただいた。当時，96.9％もの回収率を得たこの実態調査は，現場を担う多くの図書館関係者のご協力なしには調査を実施できないこと，さらには移動図書館への期待を痛感した調査でもあった。

＊　　＊　　＊

　本調査が対象とする移動図書館とは，自動車という移動手段による活動を指し，本報告書で図書館という表記は公立図書館を指すこととしたい。毎年刊行されている日本図書館協会による『日本の図書館：統計と名簿』（以下，『日本の図書館』とする）には，「自動車図書館」の保有台数が集計されているほか，文部科学省による『社会教育調査』（統計法に基づく基幹統計調査）においては「自動車文庫」の台数が集計されている。もちろん過去にはリヤカーや船などによる移動手段も存在したが，一般的に移動図書館とは，改造されたトラックやバスなど自動車による活動を指すことが多く，これまでの全国移動図書館実態調査においても，自動車を対象に調査が積み重ねられてきた。

　次章にて詳述するが，過去の全国移動図書館実態調査を検討すると，次の4点の特徴をみることができる[3]。

① 全体的な傾向として，定性的なデータから定量的なデータへと変化した。

② 1960年代以降，調査項目が統一されたが，数値一覧の提示に留まっている。

③ 全国移動図書館実態調査は，移動図書館に関する協議会や研究会を契機として実施されていた。

④ 全国移動図書館実態調査に基づき，担当者間の実践の共有化や交流，議論へと結びついていった。

このように全国移動図書館実態調査は，単に数値を集計し共有化することにとどまらず，第一に，自館の移動図書館活動を相対化する契機につながること，第二に，現在の移動図書館の課題を再発見すると同時に，課題を実践的に克服し，移動図書館のさらなる可能性を検討するための材料になること，第三に，1950年代から現在まで続く移動図書館の連続性や断絶性を，時代の大きな流れの中で再検討することができるなどの意義を導き出すことができる。

＊　　＊　　＊

　本報告書を刊行することの目的は，大きく2点に整理することができる。
　第一に，1979年以降十分に明らかになっていなかった全国の移動図書館の活動状況を明らかにし，図書館関係者との情報の共有を図ることにある。確かに先述の『日本の図書館』や『社会教育調査』には，自動車の台数等の数値が集計されているほか，各都道府県における図書館協会等による統計には，当該都道府県内の移動図書館に関する数値が集計されている。しかし，これらは限られた調査項目による数値であるほか，調査項目にばらつきがあるため，全国の移動図書館の実態を通覧・比較できる資料が十分ではない。
　第二に，豊かな移動図書館実践につなげていくことである。すなわち，各館における移動図書館活動を相対化する契機になるとともに，現在の移動図書館が抱える課題，さらにはこれからの移動図書館の可能性や展望について，図書館関係者とともに考える材料としていくことにある。『図書館雑誌』（日本図書館協会）や『みんなの図書館』（図書館問題研究会）には「特集・移動図書館」[4]が組まれているほか，㈱林田製作所による『図書館車の窓』も定期的に刊行され，各地の移動図書館の実践が断片的に報告されている。2023年10月30日に名古屋市鶴舞中央図書館で開催された「移動図書館サミット」においても，会場に並んだ複数台の図書館車に多くの来場者が引きつけられた[5]。
　本報告書の刊行によって，移動図書館の現在地を多くの図書館関係者と共有するとともに，移動図書館の現場を担う関係者間によって，検討・議論しあう材料のひとつになればと考えている。

＊　　＊　　＊

　他方で，本調査は，まずは現在の移動図書館の実態を網羅的に明らかにしていくことを主眼としたため，本調査の過程や集計において，以下の複数の課題が存在することも確かである。
　①　ライトバン等による団体貸出用の配本車と推測できる図書館（機関）が複数存

在したことである。例えば，ライトバンに本を収納したコンテナを積み，定期的な巡回をしている図書館である（『日本の図書館』にて「自動車図書館」として集計されている図書館であった）。本調査の回答票からは，こうした区分・判定が困難であったため，本調査において回答はすべて移動図書館，図書館車として取り扱い，集計に含めることとした。

② それぞれの質問項目において，無回答の項目があったことである。その場合は，各質問項目において「無回答等」として集計することとした。本調査の趣旨から，各館から返信いただいた回答票すべての質問項目について，できるだけ集計結果として反映していきたいこと，さらには無回答の割合を把握し，今後，各館が無回答とした理由や背景も検討したいという筆者の意図がある。

③ 回答票の集計結果は，公立図書館未設置市町村による移動図書館と，公立図書館による移動図書館とを含めた合計値となっていることである。本来であれば，後者のみを抽出すべきであるが，前者においても特種用途自動車による図書館車の巡回がみられ，公立図書館と同様の活動を展開していると推測できるため（母数が少数でもあることから），両者を含めて集計することとした。なお，本報告書においては，「うち未設置」として内訳を示した集計項目もある。

また，回答票は紙数が限られているため質問項目を厳選したが，本調査集計後，回答票に含めるべきであった質問項目が何点か明らかになった。

・図書館車購入のための補助金の有無や補助金の名称
・移動図書館サービス計画や業務マニュアル，運行日誌の有無
・車庫の有無や位置
・1巡回あたりの平均走行距離（km）
・1ステーション1巡回あたりの平均貸出冊数

本報告書は，調査方法や集計方法に不十分な側面もあるが，「1979年調査」以来の全国移動図書館実態調査といえる。今後，これらの課題を克服し，国内すべての移動図書館の活動について，一覧表等で共有化することができる調査を実施していきたいと考えている。なお本調査は，2022年度のデータが中心であるため，本報告書刊行時（2024年度）に移動図書館の廃止や運営方法の変更があることに留意いただきたい。

＊　＊　＊

本調査は，十文字学園女子大学のプロジェクト研究費（2022年度，2023年度）による成果であり，JSPS科研費JP20K02523による成果の一部も含まれている。また，日本図書館研究会第392回研究例会（2024年2月25日）にて口頭発表させていただいた内容を基盤としている。

2021年度に移動図書館実態調査の構想を検討し，2022年度から本格的に回答票の

設計を開始，そして各館への発送作業の後，2023 年度には各地から到着した回答票の集計作業——とにかく本報告書の刊行まで，多大なる時間を要してしまった。これはひとえに筆者の力不足と怠慢によるものである。数字に弱い筆者が表計算ソフトに格闘し，報告書刊行を思い悩んでいたこの間，多くの方々からのご支援をいただいた。

　前に進む勇気をいただいたのが，本調査の回答にご協力いただいた全国各地の図書館関係者の皆様である。回答票が同封された多くの返信用封筒には担当者直筆のお手紙が同封され，移動図書館への熱い「想い」が刻まれていた。まさに移動図書館を背負う「現場」の皆様からの回答がなければ本報告書は刊行できなかった。調査の依頼が年度末の時期と重なってしまったが，回答にお時間を割いていただいたすべての図書館関係者の皆様へ改めて深く感謝を申し上げる。

　47 都道府県立図書館の図書館協力関係部署の皆様には，公立図書館未設置自治体における移動図書館の調査にご協力いただいたほか，白河市立図書館，川口市立中央図書館，岡山市立中央図書館，大野城まどかぴあ図書館の皆様には，筆者が設計した不備の多い予備調査に対して数多くの貴重なご意見を頂戴した。

　回答票の設計をはじめ本調査の実施にあたり，元滋賀県立図書館長の梅澤幸平様，㈱林田製作所代表取締役の林田理花様，元町田市立図書館長の手嶋孝典様，和光市教育委員会の中岡貴裕様，小山工業高等専門学校准教授の加藤浩司様には数々のご助言をいただいた。とりわけ，梅澤様，林田様には，近年の移動図書館の動向をはじめ，研究の視角，本調査の意義などをご教示いただき，前に進まない筆者に対して，本報告書刊行まで粘り強くお導きいただいた。感謝の念に堪えない。

　まさに本報告書は，筆者の力ではなく，多くの方々のご支援とご教示をたまわることによって刊行することができた。ここに深く感謝するとともに，魅力的な写真をご提供いただいた白河市立図書館，富岡町図書館，佐久市立図書館，近江八幡市立図書館，松山市立図書館，徳之島町立図書館の皆様，本報告書の刊行をお認めいただいた日本図書館協会出版委員会の皆様，編集の実務を担当された日本図書館協会出版部の内池有里様に改めてお礼を申し上げたい。

2025 年 2 月 20 日

石川　敬史

注
1)　［日本図書館協会］公共図書館部会移動図書館分科会事務局編『全国移動図書館基礎調査一覧：昭和 54 年度』［日本図書館協会］公共図書館部会移動図書館分科会事務局，1980，118p．同調査は 1979 年 4 月 1 日現在の数値の回答である。
2)　石川敬史「埼玉県における移動図書館実態調査の予備的考察」『十文字学園女子大学紀要』48，2018.3，p.187-201.
3)　石川敬史「全国移動図書館実態調査の意義と課題」『年会論文集』（日本教育情報学会）38，2022.8，p.406-407.

4) 例えば近年では，次の特集がある。「特集・移動図書館のいま」『図書館雑誌』118(4)，2024.4.；「特集・移動図書館の可能性」『みんなの図書館』510，2019.10.

5) 大井亜紀「Book Mobile（ブック・モービル）サミット開催：移動図書館の新たな可能性を求めて」『図書館雑誌』118(4)，2024.4，p.208-210. 筆者も基調講演として登壇の機会をいただき，多くの参加者の皆様の熱い想いを感じることができた。こうしたサミットを実行された名古屋市図書館の皆様に敬意を表したい。続く 2024 年度においても，第 26 回図書館総合展 2024 にて，「地域の未来を拓く移動図書館の可能性」（主催：㈱図書館流通センター，11 月 5 日）が開催され，愛知県名古屋市鶴舞中央図書館や福島県富岡町図書館における移動図書館の事例報告・意見交換が行われた。

2. 移動図書館の現在地

2.1 「移動図書館」とは

　　移動図書館は，図書館サービスの空白地域に対する伸展活動の一つであるととも
もに，施設入所者，入院患者，高齢者など図書館サービスが十分に及んでいない
人びとへサービスを届けるアウトリーチの役割も担っている。何らかの移動手段
によって図書館資料を運び，図書館員によるサービスを提供する移動図書館は，
常設ではなく，地域社会の実情に応じて能動的に「図書館」を移動することがで
きるため，すべての住民に図書館サービスを広げていく可能性を秘めている[1]。

　筆者が『図書館情報学事典』（丸善出版）に執筆した「移動図書館」の解説の一部で
ある。移動図書館とは，図書館資料や図書館サービス，図書館員など，まさに文字通
り「図書館」が「移動」する活動として捉えることができる。かつてはリヤカー[2]や
船[3]などによる活動がみられたほか，各地の出張おはなし会や出張図書館などの活
動，さらには「空とぶ図書館」（沖縄県立図書館）の活動[4]も含まれよう。

　これらの移動図書館のうち，最も代表的な移動手段がトラックやバスを改造し，開
架書架などを装備した特種用途自動車としての図書館車[5]である。図書館法第3条に
は「自動車文庫」が規定されているほか，図書館によってはBook Mobile（BM）や自
動車図書館，図書館バスなどと称する場合もみられる。現在は移動図書館という用語
が自動車図書館や自動車文庫などと同義にて使用される傾向にあり，図書[6]や新聞記
事[7]などにおいてもこの用語が広く定着している。本調査・報告書においても，特種
用途自動車としての図書館車を含めた自動車という移動手段による移動図書館を対象
とした。なお，図書館車とは厳密には特種用途自動車を指すが，本調査対象の自動車
が特種用途自動車かどうかの判定が難しいため，本報告書では移動図書館の移動手段
である自動車を総称して図書館車と表記する。

　こうした開架式書架や放送設備などを装備した図書館車による過去の活動をたどる
と，移動図書館の先駆となる活動は，1949年9月に巡回を開始した千葉県立中央図
書館の「訪問図書館ひかり」（以下，「ひかり号」とする）であった。開架式の書架，ス
ピーカーなどが自動車に装備され，個人への貸出，定期巡回のほか，映画会などの文
化活動も展開した。日本図書館研究会オーラルヒストリー研究グループによって，館
内閲覧や保存中心という姿勢を変革し，戦後の農山漁村へ文化という「ひかり」を運
んだことを明らかにしている[8]。また，1965年9月に移動図書館「ひまわり号」の巡
回を開始した東京都日野市立図書館は，1台の図書館車によって，日本の図書館を大
きく変革したことは知られている[9]。貸出の重視，全域へのサービス，資料が第一と

いう運営方針[10]は，まさに「ひまわり号」の活動に体現されていた。国内に限定された移動図書館の歴史ではあるが，図書館の活動が大きく変革した時代にこれら2台の移動図書館が成立し，図書館車の装備や活動方法に当時の図書館の目指す姿が体現されていたことがわかる[11]。

かつて薬袋秀樹は，移動図書館の長所について，「①利用者の近くに資料を運び，地域の状況に応じて運営のできる機動性，②固定施設を建設するよりも経費が少ない経済性」とする一方で，短所については，「①1回に積載可能な資料冊数が少ないこと，②利用できる機会（駐車時間，巡回周期）が限られていること，③天候・道路事情等定期的巡回に障害が多いこと」を指摘している[12]。1980年代後半の指摘ではあるが，現在の活動にも通じる内容であろう。移動図書館は，建物の図書館から地域へ伸展することによって，住民に図書館を直接届けることができる反面，積載冊数や巡回周期などの制約が内在していることがわかる。

2.2 台数の推移

では，このような図書館車の台数は，これまでどのように推移したのであろうか。日本図書館協会による『日本の図書館』には，「自動車図書館」の台数が集計されている（ただし，一部の年度は集計無し）。この台数を集計すると図2-1（『日本の図書館』の1952年版から2023年版）のように整理することができる[13]。

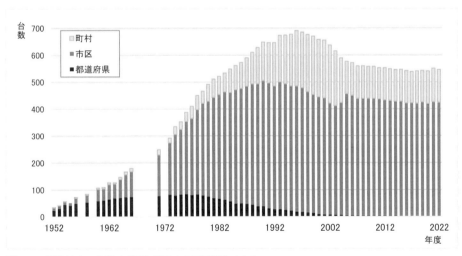

図2-1　図書館車の台数の推移（『日本の図書館』より）

図2-1をみていくと，1950年代前半から1960年代前半にかけては都道府県立図書館による図書館車が多くを占めた。例えば『日本の図書館』1959年版の集計をみると，全国の合計87台中，都道府県立は54台であり，およそ6割を占めていた。しか

し，しだいに市区立図書館の台数が急増していく。1984年版では，市区立図書館の台数が400台に達し，全体台数（542台）の約7割を占めるに至った。その後，1980年代後半から1990年代に入ると町村立図書館による台数も増加していくことがわかる。

台数のピークは『日本の図書館』1997年版の697台であり，うち都道府県立図書館18台，市区立図書館467台，町村立図書館206台，広域市町村圏6台であった。

その後，図2-1のグラフからもわかるとおり，1990年代後半から2000年代にかけて台数は減少傾向にあることがわかる。その大きな要因の一つが，「自動車NO_x・PM法」（自動車から排出される窒素酸化物及び粒子状物質の特定地域における総量の削減等に関する特別措置法，2002年10月）や「九都県市条例」（2003年10月）などによる自動車排出ガス規制[14]であった。これに適合させるためには，排気ガス除去装置を装着するか，適合車への乗り換えが必要であったため，図書館車を更新できない図書館は移動図書館を廃止にしたと推測できる。このほかの要因としては，1999年以降のいわゆる「平成の大合併」（市町村合併）[15]のほか，貸出冊数（利用）の減少や分館の設置をあげることができる[16]。

2010年代に入ると，東日本大震災（2011年3月）の被災地支援活動「走れ東北！移動図書館プロジェクト」（シャンティ国際ボランティア会）などの活動[17]によって地域住民に寄り添う移動図書館は再評価されるようになった。表2-1のとおり，ここ数年の台数を『日本の図書館』の各年版から抽出していくと，540台から550台を推移し，市区，町村ともにほぼ横ばいであることがわかる。

表2-1　近年の図書館車の台数の推移（台）

年	2018	2019	2020	2021	2022	2023
都道府県	2	2	2	2	2	2
市区	420	418	423	417	424	422
町村	116	120	117	121	124	121
広域市町村圏	0	0	0	0	0	0
合計	538	540	542	540	550	545

なお，戦後初期に台頭していた都道府県立図書館による図書館車の台数をみていくと，『日本の図書館』1977年版の84台をピークに，1980年代以降ゆるやかに減少し続けていることがわかる。現在（2024年度）においては，福島県立図書館と高知県立図書館[18]による2台の巡回に限られている。

2.3　現在の台数

ここまで図書館車の台数の推移を簡単にみてきたが，都道府県別の台数はどのよう

に推移しているのであろうか。自治体数や面積，地理的な条件などによる違いはあるのであろうか。そこで近年の『日本の図書館』を用いて，①都道府県別の台数の推移，②都道府県別の市立図書館における台数の推移を概観していきたい[19]。

(1) 都道府県別の台数

まず，『日本の図書館』の数値から，都道府県別の台数（都道府県立，市区町村立の台数の合計）をみていくと，表2-2のとおりとなる。『日本の図書館』2023年版をみていくと，北海道の台数が最も多く，次いで岩手県，鹿児島県，大阪府と続き，地方や大都市を抱えた道府県が混在していることがわかる。また，以前の年（2021年，2022年）と比較すると，都道府県により増減があることがわかる。

表 2-2　都道府県別図書館車の台数（台）

年	2021	2022	2023
北海道	58	59	57
岩手県	34	35	33
鹿児島県	27	27	27
大阪府	23	23	22
長野県	20	21	21
熊本県	21	20	21
静岡県	19	18	20
岡山県	19	19	19
埼玉県	17	18	16
福岡県	17	17	17
広島県	17	17	12

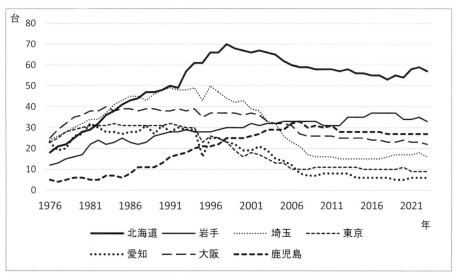

図 2-2　都道府県別図書館車の台数の推移

これらの数値を『日本の図書館』1976 年版[20]から近年までの推移をたどっていくと，図 2-2 のとおりとなる。図 2-2 は，『日本の図書館』1976 年版における図書館車台数上位都府県（大阪府 25 台，埼玉県 24 台，東京都 23 台，愛知県 23 台）と，『日本の図書館』2023 年版の上位道府県（北海道 57 台，岩手県 33 台，鹿児島県 27 台，大阪府 22 台）の推移を示したものである。これをみると，大都市を抱える都県は1990 年代後半から減少傾向にあるものの，他方で，北海道，岩手県，鹿児島県は増加傾向にあることがわかる。

　また表 2-3 は，図書館 1 館あたりの図書館車の保有割合である。分館も含め都道府県内の図書館数で割った単純な数値であるため，あくまで参考値にすぎないが，これをみると，岩手県の数値が最も高く，同県内では図書館車を保有している図書館が多い傾向がわかる。『日本の図書館』2023 年版の割合をみていくと，次いで，鳥取県，鹿児島県，大分県と続き，いわゆる大都市圏を抱えていない地方の道県の割合が高い。

表 2-3　1 館あたりの図書館車の保有割合（％）

年	2021	2022	2023
岩手県	72.3	74.5	70.2
鳥取県	46.7	46.7	46.7
鹿児島県	42.2	42.2	41.5
大分県	37.5	40.6	40.6
北海道	38.4	38.8	37.0
熊本県	38.9	37.0	38.9
宮崎県	27.3	35.3	38.2
和歌山県	26.9	38.5	34.6
宮城県	31.7	31.7	31.7
岡山県	26.8	27.1	27.5
滋賀県	20.0	22.0	26.0
長崎県	34.2	30.8	25.6

(2)　都道府県別の市立図書館の台数

　続いて，『日本の図書館』の数値から都道府県別に市立図書館における図書館車の台数を集計していくと，表 2-4 のとおりとなる。『日本の図書館』2023 年版の数値をみると，岩手県が多く，次いで大阪府，北海道，鹿児島県，静岡県と続いている。先ほどの（1）と同様に，これらの数値を『日本の図書館』1977 年版から近年までたどっていくと，図 2-3 のとおりとなる。図 2-3 は，『日本の図書館』1977 年版における台数の上位都府県（大阪府 23 台，東京都 22 台（区立含む），愛知県 16 台，北海道 15 台）と，『日本の図書館』2023 年版の上位道府県（岩手県 25 台，大阪府 22 台，北海道 22 台，鹿児島県 20 台）の推移を示したものである。これをみると，1990 年代

後半から，東京都，愛知県，大阪府のいわゆる大都市圏における台数がゆるやかに減少しているのに対して，岩手県や鹿児島県は2000年代中頃に急増し，北海道はほぼ横ばいが続いていることがわかる。

表2-4　都道府県別市立図書館の図書館車台数（台）

年	2021	2022	2023
岩手県	25	25	25
大阪府	23	23	22
北海道	22	22	22
鹿児島県	21	20	20
静岡県	19	18	20
岡山県	19	19	19
熊本県	17	16	16
福岡県	14	14	14
埼玉県	13	14	13
山口県	12	13	13
大分県	12	13	13
宮崎県	9	11	12

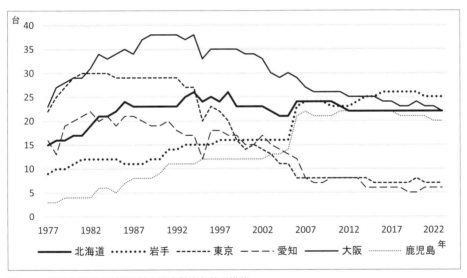

図2-3　都道府県別市立図書館の図書館車台数の推移

2.4　移動図書館実態調査の歴史

これまでに行われた国内の移動図書館の実態調査は複数存在する。そこで，戦後期から時系列的に移動図書館実態調査を整理し，その特徴を明らかにしたい[21),22)]。

(1) 戦後初期の数的調査

1950年代前半においては，本格的な移動図書館調査は行われておらず，図書館統計の一部として集計されていた。

例えば，1950年11月現在の公立図書館調査である『公共図書館調査』（文部省社会教育局，1951）[23] には「自動車文庫」の集計が存在する。これによると「自動車文庫」を所有している都道府県立図書館10台（栃木県，埼玉県，千葉県2台，東京都，大阪府，和歌山県，徳島県，高知県，鹿児島県），市区立図書館2台（兵庫県，高知県）が集計されている。台数のほかに，積載図書冊数，駐車箇所，延駐車回数が集計されているが，市区立図書館の館名の記載はない。同様に「貸出文庫（巡回文庫）」についても送付箇所，延送付回数，延送付冊数が館種別に集計されていることから，この当時，戦前期からの巡回文庫や貸出文庫の活動が持続して行われていたことが推測される。

このほか，中井正一と岡田温の編集による『図書館年鑑』（1952年）[24] においては，先述の『公共図書館調査』（1951年）の集計が掲載され，「公共図書館ブックモビールおよび貸出文庫の活動状況」という一覧表にまとめられている。

(2) 『全国移動図書館要覧』（1954）

本調査（以下，「1954年調査」とする）[25] は，国内において初めて実施された本格的な移動図書館実態調査といえる。この「1954年調査」は，1954年3月に千葉県鴨川町で開催された第2回全国移動図書館連絡協議会[26] の開催をきっかけに実施されたものである。この当時，移動図書館を実施していたすべての都道府県立図書館，市区町村立図書館が掲載されていないものの，府県立図書館と市立図書館の合計22館による移動図書館の活動が詳細に整理されている。

調査項目は，①年式，車種，定員など自動車の装備，②車庫，創設費用，予算，図書費など施設・設備・備品等，③人員（氏名，年齢，勤続年数等），事務組織，資料冊数，巡回地域，ステーション数・場所，巡回周期等，④貸出冊数，職業別利用者数，利用規則，行事名称，参加者数等から構成されている。使用された調査票は，定型で統一された帳票（B5判）であるものの，手書きのため判読が難しい箇所や，項番が乱れ，一部の調査票には空欄もあるなど不十分な箇所も存在する。しかし，この「1954年調査」は，戦後最も早期に日本の移動図書館活動を詳細に調査した貴重な資料である[27]。

(3) 『全国移動図書館要覧』（1956）

1956年6月に千葉県木更津市にて第3回全国移動図書館研究大会の開催を契機に，本調査（以下，「1956年調査」とする）[28] が実施された。この「1956年調査」においても国内すべての移動図書館は掲載されていないが，B4判の統一した調査票に37館の都道府県・市区立図書館の移動図書館データが詳細にわかりやすく整理されている。調

査項目については，先の「1954年調査」の調査項目とほぼ同一である。加えて，
「1956年調査」には，すでに各地で移動図書館の巡回が開始して数年が経過した時期
であるため，調査票にはこれまでの巡回により積み重ねられた数値の推移が整理され
ている。同時に，図書館車の仕様や巡回先，貸出方法などのほか，移動図書館運営上
の課題も記録されているという特徴がある。

(4) 『全国移動図書館基礎調査一覧（昭和39年2月15日現在）』（1964）

　1963年度に発足した日本図書館協会公共図書館部会の移動図書館分科会（以下，分
科会とする）の事業として行われたのが本調査（以下，「1964年調査」とする）であ
る。1964年11月9〜11日に埼玉県立浦和図書館で開催された移動図書館全国研究集
会[29]にさきがけて，同集会の資料とするために調査が実施された。B4横型3分冊か
ら構成され，分科会と埼玉県立図書館によりまとめられた。1分冊目の『全国移動図
書館基礎調査一覧』には，各都道府県，市区町村ごとに活動内容（蔵書（増加図書
数，NDC別冊数等），整理方法，駐車場数，巡回先，駐車場主任，利用者組織など）
が詳細に集計されている。2分冊目には，「車両別一覧」として，各都道府県，市区
町村ごとの図書館車についての集計（年式，製作会社，乗員数など）がまとめられ，
3分冊目は，『全国移動図書館基礎調［査］集計表』（昭和39年2月1日現在）として，1
分冊目の数値を都道府県と市区町村別に集計一覧として整理した資料である。

　この「1964年調査」は，移動図書館を実施している全国の図書館を対象とした初
めての調査資料といえる。とりわけ，時代を遡って各都道府県や市区町村における移
動図書館巡回開始年や貸出冊数を遡及して調査・集計した点や，都道府県と市区町村
に区分して平均値や最高値・最低値などの数値を整理している点が注目される。な
お，この「1964年調査」（3分冊目）は『ブック・モビルと貸出文庫』（日本図書館協
会）[30]に概要が収録されている。

(5) 『全国移動図書館調査（昭和51年4月1日現在）』（1976）

　本調査（以下，「1976年調査」とする）[31]は，分科会の事務局・鹿児島県立図書館がまと
めた資料である。都道府県と市区町村の移動図書館について，B4判横型に整理され
ている。先の「1964年調査」のように詳細な集計ではなく，調査項目は図書館車，
乗員，貸出冊数，予算などに絞られている。この「1976年調査」の特徴として，末
尾に168館を対象とした「移動図書館実施上の問題点とその対応策」がまとめられ，
移動図書館の管理・運用面に対する課題や住民への奉仕に関する課題などの一覧とと
もに，各館の対応策が整理されている。

　なお，「1976年調査」以前にも，『移動図書館実態調査一覧（昭和45年7月調
査）』[32]や『全国移動図書館実態調査（昭和47年4月1日現在）』[33]等があることから，
分科会は継続して全国の移動図書館を調査していたことがわかる。このほか，岡山県

総合文化センターによる『全国移動図書館調査（昭和49年5月1日現在）』も存在する。この集計は，都道府県と市町村とに分冊され，とりわけ都道府県に対する調査項目が多数を占めている。

(6) 『全国移動図書館基礎調査一覧：昭和54年度』（1980）

　国内の移動図書館活動を最も詳細に調査したものが本調査（以下，「1979年調査」とする）[34]である[35]。石井敦は，この「1979年調査」について「これまでの諸資料にない貴重な情報が豊富に提供」され，「永らく移動図書館運営に苦労してきた関係者ならでわ^{ママ}の問題意識にもとづいてまとめられただけに，これまでにない新しい視点からの生きた資料」[36]と高く評価している。この「1979年調査」には，巡回周期，貸出方法，駐車時間，積載冊数，図書館車の呼称，女性の乗務，運転者の業務，土日巡回の有無，広報手段，ステーション設定の方針など，移動図書館運営の細部にわたる質問項目が設定されている。とりわけ，自由記述式の項目である「駐車場設定の方針，設定の基準，設定後の見直し」については，各館ごとに細かく回答が記録されている。また，移動図書館から連絡車への転換など，いわば収束期をむかえた都道府県立図書館による移動図書館を対象とした調査票には，駐車時間などの質問項目はないが，「移動図書館の経緯および将来構想」として都道府県ごとに時系列的に移動図書館の歴史が丁寧に図示されているとともに，都道府県立図書館の将来構想も整理されている点が注目される。

　なお，この「1979年調査」以降も分科会では1981年に移動図書館の実態調査を実施しているが，設問数が限られ，単純な数量的な集計結果にとどまっている[37]。

(7) 移動図書館実態調査の特徴

　こうした移動図書館実態調査を概観していくと，以下の特徴を見出すことができる。

　第一に，集計された移動図書館に関するデータの全体的な傾向として，定性的データから定量的データの集計へと変化し，調査項目が統一される傾向にある点である。1950年代の調査では，集計結果が移動図書館を実施する一部の図書館に限定されていたものの，文化活動の具体的な内容や移動図書館の運営上の課題などの記述式の設問が多く，各図書館による活動の違いが鮮明であった。他方，1960年代以降の調査になると，統一的な設問による数的なデータの集計・提示が中心となった。確かに移動図書館を実施する図書館も増加し，調査対象館数が増加したこと，加えて，日本図書館協会の分科会発足を契機に，移動図書館を実施しているすべての図書館を対象に調査集計するようになったことも背景にあろう。もちろん課題や活動事例なども記載されている調査もあるが，調査結果の多くは定量的な数値のデータの一覧であり，細部にわたり平均値等の数値が掲載されている特徴があった。そのため，1960年代以降の実態調査は他館との比較，自館の位置づけ，全国的な傾向を把握する材料になっ

たものの，例えば具体的な巡回先（ステーション名）やステーションでの活動内容など，各館の特色ある活動を十分に視ることは難しくなった。

第二に，これらの移動図書館実態調査は，移動図書館に関する協議会や研究会を契機に実施され，移動図書館を担う図書館員の間で，各地の活動（図書館車の設計内容，巡回先や方法，利用状況，利用者の組織化等）の共有化や，各館がかかえる課題を議論する場へと結びついていたことである。

とりわけ，1950 年代の「1954 年調査」や「1956 年調査」は，協議会や研究会の開催を契機に行われた調査であった。国内で移動図書館が広がりはじめたこの当時，巡回方法や貸出方法，利用者の組織化など全国から集まった図書館員による議論の場がつくられたことは，他館の活動から刺激を受け，担当者間のつながりも形成されたことも意味した[38]。そしてこうした議論の場の積み重ねが，日本図書館協会公共図書館部会における分科会の発足につながったといえよう。「1964 年調査」は，この分科会発足後，移動図書館を実施するすべての図書館を対象とした初めての実態調査であった。以後，分科会では毎年のように研究集会が開催され，各地の図書館員が移動図書館のさまざまな活動を共有し議論を重ねた[39]。すなわち，国内で積み重ねられた移動図書館実態調査は，単なるデータの集計や公表にとどまらず，各地の移動図書館を「動かす」役割があったといえよう。

第三に，繰り返しになってしまうが，「1979 年調査」以降，国内において十分な移動図書館実態調査が行われていないことである。このことは，分科会が 1991 年度から「移動図書館・協力事業分科会」と名称変更したことにも表れていよう（1989 年の部会幹事会において名称が改められる。規程が 1990 年施行）[40]。この背景には，分館も含めた市町村立図書館の設置が進んだこと，都道府県立図書館による市町村立図書館間の協力事業（協力車の運行，相互協力）の位置づけが大きくなったこともある。そして分科会は 2002 年度に役割を終えている[41]。

注

1) 石川敬史「9-35 移動図書館」『図書館情報学事典』日本図書館情報学会編，丸善出版，2023，p.544.
2) 都立青梅図書館むらさき号友の会編『むらさき号四十年の足跡』都立青梅図書館むらさき号友の会記念誌編集委員会，1989，119p.
3) ［広島県立図書館編］『航跡：文化船ひまわり引退記念誌』広島県立図書館，1982，48p.
4) 神里茉里「沖縄県立図書館『空とぶ図書館』について："すべての島んちゅに本との出会いを"」『みんなの図書館』572，2024.12，p.4-9.
5) 交文社特種車研究班編纂『特種用途自動車の構造要件の解説』第 3 次改訂，交文社，2022，p.113-116. 同書にて「図書館車」とは，給水車，郵便車，教習車，霊柩車など「法令等で特定される事業を遂行するための自動車（用途区分通達 4-1-2 の自動車）」として位置づけられている（「図書館車」の車体形状コードは 597）。「図書館車」には 6 点の構造要件や留意事項が定められている。
6) 鎌倉幸子『走れ！移動図書館：本でよりそう復興支援』筑摩書房，2014，223p.（ちくまプリマー新書 208）など。

7) 「移動図書館，ふれあい運ぶ：障害ある子に読み聞かせ・仮設生活の励みに」『朝日新聞』夕刊，2018.4.21. など多数。

8) 日本図書館研究会オーラルヒストリー研究グループ編著『文化の朝は移動図書館ひかりから：千葉県立中央図書館ひかり号研究』日本図書館研究会，2017，259p.

9) 渡辺進「これが公共図書館だ－生活の中に入った図書館－日野市立図書館の活動の実態」『図書館雑誌』61(10)，1967.10，p.2-11.

10) 日野市立図書館編『業務報告：昭和40・41年度』日野市立図書館，1967，104p.

11) 石川敬史「移動図書館再発見」『図書館雑誌』109(7)，2015.7，p.426-428.

12) 薬袋秀樹「8.6　移動図書館」『新・図書館学ハンドブック』岩猿敏生ほか編，雄山閣，1984，p.296-298.

13) 集計には『日本の図書館：統計と名簿』（日本図書館協会）の各年度版（1952年度以降）を参照したが，一部の年度版においては台数の記載がなかった。同書の過去の古い年版の数値は基本的には前年度の数値となっている場合が多い（例：1976年版には1975年度の数値）。そこで（もちろん検討の余地もあるが）図2-1の年は，基本的に同書の調査対象年の数値とした。なお，移動図書館にかかわる集計項目をみていくと，1969年度版までが「自動車文庫」，1970年度版から1974年度版が「移動図書館・BM」，1974年度版以降が「自動車図書館」となっている。

14) 環境省「大気環境・自動車対策　自動車NOx・PM法について」
<https://www.env.go.jp/air/car/noxpm.html>［2024.10.11参照］
環境省，国土交通省『自動車NOx・PM法の車種規制について』2005.9.
<https://www.env.go.jp/air/car/pamph/>［2024.10.11参照］

15) 総務省「『平成の合併』についての公表」2010.3.5.
<https://www.soumu.go.jp/gapei/pdf/100311_1.pdf>［2024.10.11参照］

16) 石川敬史「埼玉県における移動図書館実態調査の予備的考察」『十文字学園女子大学紀要』48(1)，2018.3，p.187-201.

17) シャンティ国際ボランティア会編『試練と希望：東日本大震災・被災地支援の二〇〇〇日』明石書店，2017，420p.；前掲6)，鎌倉『走れ！移動図書館』

18) 石川敬史「移動図書館見学記1［高知県立図書館］」『図書館車の窓』97，2014.5，p.7-8.　両県立図書館による移動図書館は団体や機関を対象に巡回している。

19) 本節は，以下にもとづきながら再構成した。石川敬史「戦後日本の移動図書館の展開：『日本の図書館：統計と名簿』に基づく数量的分析」『年会論文集』（日本教育情報学会）39，2023.8，p.407-408.

20) 都道府県別の図書館車の台数と各館の保有割合を集計するにあたり，『日本の図書館』1976年版までは都道府県の合計値（もしくは自治体名のみ）が掲載され，1977年版から都道府県別・市区町村別の集計値が掲載されていた。よって，本報告書ではまず1976年版や1977年版から集計した。

21) これらの一部の実態調査や協議会等の記録から，移動図書館の担当者に対象を絞り検討したことがある。石川敬史「『移動図書館人』のエネルギーを読み解く」前掲8)『文化の朝は移動図書館ひかりから：千葉県立中央図書館ひかり号研究』p.139-159.

22) 本節の内容は，次の拙稿の一部にもとづいている。前掲16)，石川「埼玉県における移動図書館実態調査の予備的考察」

23) 文部省社会教育局編『公共図書館調査：昭和25年11月30日現在』文部省社会教育局，1951，115p.

24) 中井正一，岡田温編『図書館年鑑』図書館資料社，1951，p.79.

25) 第二回全国移動図書館運営協議会編『全国移動図書館要覧1954』1954，1冊.

26) この「1954年調査」の編者名は「第二回全国移動図書館運営協議会」であるが，大会の記録をみると，「第2回全国移動図書館連絡協議会」とある。（日本図書館協会公共図書館部会編『全国移動図書館研究大会報告1956』日本図書館協会公共図書館部会，1956，p.83-89参照.）

27) この調査をもとに，次の拙稿で戦後日本の移動図書館史を予備的考察し，移動図書館史研究の課題を明らかにした。石川敬史「移動図書館史研究ノート：1950年代前半における予備的考察」

『情報社会試論』5，1999.8，p.5-30.

28)　日本図書館協会公共図書館部会編『全国移動図書館要覧1956年』日本図書館協会公共図書館部会，1956，86p.

29)　日本図書館協会公共図書館部会事務局編『昭和39年度全国公共図書館研究集会報告書』日本図書館協会公共図書館部会事務局，1966，p.67-90.

30)　鈴木四郎，石井敦『ブック・モビルと貸出文庫』日本図書館協会，1967，251p.（シリーズ・図書館の仕事15）.

31)　鹿児島県立図書館編『全国移動図書館調査：昭和51年4月1日現在』1976，1冊.

32)　［日本図書館協会公共図書館部会移動図書館分科会］『移動図書館実態調査一覧（昭和45年7月調査)』[1971]，1冊.

33)　千葉県立中央図書館編『全国移動図書館実態調査（昭和47年4月1日現在)』[1973]，1冊.

34)　［日本図書館協会］公共図書館部会移動図書館分科会事務局編『全国移動図書館基礎調査一覧：昭和54年度』[日本図書館協会］公共図書館部会移動図書館分科会事務局，1980，118p.

35)　この「1979年調査」は次の拙稿でも紹介した。石川敬史「1960～1970年代の移動図書館実践」『図書館車の窓』96，2014.2，p.6-7.

36)　石井敦「全国移動図書館基礎調査一覧：昭和54年度（図書館員の本棚)」『図書館雑誌』74（10)，1980.10，p.573.

37)　［日本図書館協会］公共図書館部会移動図書館分科会，神奈川県立図書館編『昭和56年度全国移動図書館に関する調査』[日本図書館協会]，1981，27p.

38)　研究会や協議会の記録は，次の資料に残されている。文部省社会教育局編『移動図書館の実態：昭和28年11月』文部省社会教育局，1953，72p.；前掲26)『全国移動図書館研究大会報告1956』など。

39)　これらの研究集会については，日本図書館協会公共図書館部会が刊行している『公共図書館部会報告書』もしくは『全国公共図書館研究集会報告書』の各年度に詳しい。

40)　［酒井隆］「移動図書館分科会が『移動図書館・協力事業分科会』」『図書館車の窓』24，1989.9，p.6-9.

41)　なお，公共図書館部会には移動図書館・協力事業分科会以外に，整理部門，奉仕部門，参考事務分科会，児童図書館分科会があった。2003年度より，総合・経営部門，サービス部門，児童・青少年部門に統合された。

3. 調査対象と方法

　本調査は，【対象1】公立図書館未設置の市町村における移動図書館と，【対象2】
『日本の図書館』2021年版（日本図書館協会，2022）における「自動車図書館」保有館を
調査対象とした。これらの調査の具体的な対象・方法については，以下のとおりであ
る。

3.1 【対象1】公立図書館未設置の市町村における移動図書館

　公立図書館未設置の市町村において，これまでに公民館や文化センター，教育委員
会社会教育課などの機関が移動図書館を実施している事例が散見できた。本調査にお
いては，まず，【対象1】として，以下のとおり，公立図書館未設置の市町村（以下，
こうした自治体を「未設置」とする）における移動図書館を対象に，その実態を明らかに
することから始めた。

---

① 都道府県立図書館（47館）への照会
・2022年11月11日発送，12月9日必着（その後督促を行い，回答率100%）
・角2封筒にて郵送。調査依頼文書（A4判1枚），回答票（A4判1枚）を同封。
・回答票の質問項目　（回答票等は本報告書巻末の資料編を参照）
　・公立図書館未設置町村における移動図書館の有無
　・当該市町村名，実施機関名
　・企業や団体が移動図書館を実施している事例の有無
　・その他，情報提供等
② 調査結果
・移動図書館実施の回答：39機関
・都道府県別の機関数：
　　北海道9，岩手県4，鹿児島県4，長野県3，宮城県2，和歌山県2，宮崎県
　　2
・市町村別の機関数：
　　市：2，町：27，村：10
③ 照会先の39機関へ回答票を郵送（後述の【対象2】と同時に発送）
④ 回答機関：23機関（回答率59%）
・うち1機関（北海道内）は実施無しとの回答：本調査の集計においては「無回
　答等」として集計
・市町村別：市1，町18，村4
・都道府県別：北海道6，鹿児島県4，岩手県2，長野県・宮城県・福島県・栃
　木県・神奈川県・千葉県・新潟県・静岡県・和歌山県・徳島県・宮崎県各1
・台数：22台

3.2 【対象2】『日本の図書館』2021年版における「自動車図書館」保有館

　図書館車の台数については，これまでに『日本の図書館』において基礎となるデータが集計されている。したがって，本調査では同書に集計されている「自動車図書館」を対象とすることとした。また，本来であれば，複数の図書館車を保有している市町村に対しては，中央館に対して回答票を1枚郵送し，取りまとめをお願いすべきであるが，『日本の図書館』の「自動車図書館」保有館を確認したところ，市町村合併の影響により，同一自治体内においても複数の分館に図書館車が配置されている事例を数多くみることができた。本調査では，図書館車を保有している各館の運用方法・活動内容の調査を主眼としているため，図書館車を保有している各館へ回答票を発送した（『日本の図書館』は例年3月から4月に刊行のため，回答票発送時に最新版の2022年のデータを用いることはできなかった）。

　回答票には，2022年度（2022年4月から2023年3月）の数値を記入いただいた。一部，2020年度，2021年度の数値の記入欄があるが，回答票にはその旨を明記した（本報告書巻末の資料編を参照）。

---

① 設問・回答票の設計（2022年8〜10月）
　・過去の実態調査の項目を検討（特に「1979年調査」を参照して設計）。
② 予備調査・回答票再設計，「回答票の記入の手引き」検討：2022年10月〜2023年1月
　・元公立図書館長2名（首都圏都市部，都道府県と市町村）
　・教育委員会職員1名（首都圏都市部）
　・公立図書館4館（首都圏都市部1館，地方都市1館，地方2館）
　・図書館車製作会社1社
　・研究者1名（建築・都市計画系）
③ 回答票発送：2023年3月6日発送，6月30日締切
　・移動図書館車保有の488館（540台）へ発送
　（分館が図書館車保有の場合は分館へ郵送。手書きで保有館に郵送している旨の補足文を記入。）
　・角2封筒にて郵送。調査依頼文書（A4判1枚），回答票（A3判二つ折り1枚），「回答票の記入の手引き」（A4判4ページ）を同封
　・2022年度の活動実績（数値）の記入の依頼（調査依頼文書等へ明記）
　・回答票等の同封資料は本書の巻末資料を参照
④ 督促：2023年7月11日時点での未着館については葉書で調査協力の督促（回答の締切は8月7日まで）
⑤ 回答館：
　・回答館367館（416台）　回答率75.2%（台数：77%）
　・内訳：県立2館（2台），市立282館（334台），町村83館（80台）

なお，⑤回答館のうち町村については，台数（80台）が回答館数（83館）より少ない値となった。この理由は，回答館のうち5館が0台と回答したことによる。他方で，複数台の図書館車を保有する町村立図書館もあったことから，合計台数が80台となった。このうち，0台と回答した町村立図書館においては，回答票の一部の質問項目に回答・記入していたことから，本報告書においては，それぞれ項目ごとに集計している（質問項目において無回答の場合は，「無回答等」として集計した）。

4．移動図書館実態調査報告

　本章では，本調査全体の集計結果を報告していく。まずは回答館（図書館以外に公民館や文化センターなど【調査1】対象の機関も含まれるが，本報告書では回答館，図書館と便宜的に統一した表記を用いる）の属性を整理したうえで，「回答票」の質問項目にそって報告していきたい。

　なお，設問項目によっては，「未設置」，「1979年調査」，「1964年調査」などの調査結果と比較をしていきたい。

4.1　回答館の属性

(1)　回答館数

　本調査における【対象1】と【対象2】の回答館を改めて集計すると，以下のとおり整理することができる。

■回答館：390館（【対象1】23機関，【対象2】367館）
■台　数：438台（【対象1】22台，【対象2】416台）
　・【対象1】23機関
　　・市：1機関，町：18機関（うち実施無し1機関），村：4機関
　　・22台
　・【対象2】367館
　　・県立：2館（2台），市立：282館（334台），町村立：83館（80台）

　本調査における各都道府県別の発送館数や回答館数は，次の表4-1のとおりである。【対象1】の回収率は59％，【対象2】の回収率は75.2％であり，合計で74％の回収率であった。

表 4-1　都道府県別の発送館数・回答館数

No	都道府県	発送数	うち市立	うち町村立	うち未設置	回答館	回答率	うち「未設置」回答	
1	北海道	66	21	36	9	49	74.2%	6	66.7%
2	青森県	6	4	2	0	4	66.7%	0	0%
3	岩手県	35	22	9	4	27	77.1%	2	50.0%
4	宮城県	13	9	2	2	9	69.2%	1	50.0%
5	秋田県	4	3	0	1	3	75.0%	0	0%
6	山形県	8	6	2	0	4	50.0%	0	0%
7	福島県	14	9	3	1	12	85.7%	1	100.0%
8	茨城県	3	3	0	0	3	100.0%	0	0%
9	栃木県	8	5	2	1	6	75.0%	1	100.0%
10	群馬県	2	1	1	0	1	50.0%	0	0%

27

11	埼玉県	16	12	4	0	13	81.3%	0	0%
12	千葉県	13	12	0	1	10	76.9%	1	100.0%
13	東京都	7	5	2	0	5	71.4%	0	0%
14	神奈川県	8	6	1	1	6	75.0%	1	100.0%
15	新潟県	7	5	1	1	5	71.4%	1	100.0%
16	富山県	2	2	0	0	2	100.0%	0	0%
17	石川県	8	5	3	0	6	75.0%	0	0%
18	福井県	2	2	0	0	2	100.0%	0	0%
19	山梨県	2	2	0	0	1	50.0%	0	0%
20	長野県	21	8	10	3	15	71.4%	1	33.3%
21	岐阜県	3	2	0	1	2	66.7%	0	0%
22	静岡県	18	17	0	1	14	77.8%	1	100.0%
23	愛知県	7	7	0	0	4	57.1%	0	0%
24	三重県	1	0	1	0	1	100.0%	0	0%
25	滋賀県	10	9	1	0	6	60.0%	0	0%
26	京都府	8	5	2	1	3	37.5%	0	0%
27	大阪府	20	20	0	0	17	85.0%	0	0%
28	兵庫県	10	7	3	0	7	70.0%	0	0%
29	奈良県	3	3	0	0	3	100.0%	0	0%
30	和歌山県	7	3	2	2	6	85.7%	1	50.0%
31	鳥取県	12	8	4	0	8	66.7%	0	0%
32	島根県	8	4	4	0	4	50.0%	0	0%
33	岡山県	13	13	0	0	10	76.9%	0	0%
34	広島県	16	15	1	0	13	81.3%	0	0%
35	山口県	14	12	2	0	13	92.9%	0	0%
36	徳島県	6	4	1	1	5	83.3%	1	100.0%
37	香川県	3	3	0	0	3	100.0%	0	0%
38	愛媛県	7	6	1	0	6	85.7%	0	0%
39	高知県	5	2	2	0	3	60.0%	0	0%
40	福岡県	17	14	3	0	15	88.2%	0	0%
41	佐賀県	4	4	0	0	3	75.0%	0	0%
42	長崎県	11	8	3	0	6	54.5%	0	0%
43	熊本県	21	16	4	1	13	61.9%	0	0.0%
44	大分県	12	11	0	1	11	91.7%	0	0.0%
45	宮崎県	11	9	0	2	7	63.6%	1	50.0%
46	鹿児島県	28	17	6	5	17	60.7%	4	80.0%
47	沖縄県	7	7	0	0	7	100.0%	0	0%
	合計	527	368	118	39	390	74.0%	23	59.0%

(2) 回答館の運営方法

まず，本調査の回答館の運営方法について集計すると，表4-2のとおりである。

表4-2 回答館の運営方法

No	運営方法	n（館）	%	うち未設置	
1	直営（施設管理，清掃，警備の委託を含む）	269	69.0%	20	87.0%
2	指定管理者（営利企業による）	47	12.1%	0	0%
3	指定管理者（NPO法人等の非営利法人による）	14	3.6%	0	0%
4	PFI方式	1	0.3%	0	0%
5	カウンター業務や閲覧業務等の一部業務委託	37	9.5%	0	0%
6	その他	7	1.8%	1	4.3%
	無回答等	15	3.8%	2	8.7%

これによると，回答館のうち，直営による図書館が約70％を占めているほか，次いで約16％が指定管理館（営利企業と非営利法人等との合計）であることがわかる。なお，公民館や文化センター等の「未設置」においては，直営が多数を占めた。

(3) 運行開始年度

回答館における移動図書館の運行開始年度を図4-1のグラフに集計した。なお，回答票には「合併以前の旧市町村も含めた開始年度」と明記したほか，「回答票記入の手引き」においても「旧市町村の巡回も含め，当該自治体にて移動図書館の巡回を開始した年度をご記入ください」と補足した。

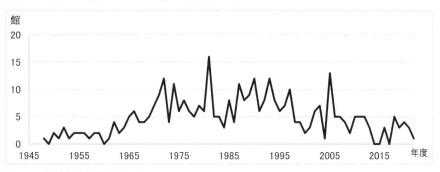

図4-1 回答館の運行開始年度

最大の数値は1981年の16館，2005年の13館であり，次いで12館が1972年・1990年・1992年，11館が1974年・1987年，10館が1997年，9館が1971年・1989年と続いた。ただし，この各館が回答した運行開始年度をみていくと，市町村合併後の開始年度を回答している図書館もあると推察できるため，図4-1はあくまで参考値であるといえる。しかしながら，先述したとおり，1990年代後半から国内において移動図書館の台数が減少していたものの，図4-1をみると1990年代後半（1996年）から運行を開始した図書館が119館あり，そのうち2010年以降に運行を開始した図書館は40館を占めていた。

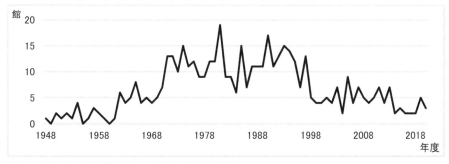

図4-2 『日本の図書館』（2021年版）運用開始年度

他方で，本調査で対象とした『日本の図書館』2021年版における各館の「自動車

図書館」の「運用開始年度」を抽出したグラフが図 4-2 である。これをみると，総じて 1970 年代から 1980 年代が多い傾向を示しているほか，図 4-1 と同様に 2000 年以降に新規に運行を開始した移動図書館が複数存在することがわかる。

(4) 図書館車の製作年度

現在運行している図書館車の製作年度をまとめたグラフが図 4-3 である。一般的に，図書館車は 2 代目，3 代目と更新を重ねていく。本回答には不明や空欄の回答も複数あったが，図 4-3 をみると，全体的傾向として 1990 年代以降に製作された図書館車であることがわかる。最も古い図書館車は 1989 年度製作（3 台）であり，平均値は 2010 年であった。最も多い年度は 2012 年度と 2021 年度で 32 台，次いで 2011 年度の 30 台，2010 年度の 25 台，2009 年度の 23 台と続く。すなわち，現在運行している図書館車は，おおむね 10 年以上使用されているものが多いことがうかがえる。

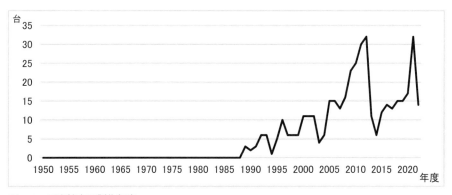

図 4-3　図書館車の製作年度

(5) 回答館 1 館あたりの保有台数

回答館における 1 館あたりの図書館車保有台数を表 4-3 に整理した。

表 4-3　保有台数

保有台数	n（館）	%	1979 年調査		（参考）『日本の図書館』2021：市町村別	
1	332	85.1%	220	80.6%	353	81.9%
2	40	10.3%	44	16.1%	55	12.8%
3	6	1.5%	6	2.2%	17	3.9%
4	2	0.5%	3	1.1%	4	0.9%
5	0	0%	0	0%	2	0.5%

これによると，1 台の保有台数が最も多いことがわかる。「1979 年調査」（この調査は市町村で保有している台数であるが）と比較すると大きな変化はなく，かつてと同じような保有台数の傾向にあることがわかる。本調査において，1 館あたり 4 台，もしくは 3 台の複数台を保有している図書館は以下のとおりである（本調査は 2022 年

度を対象としているため，その後，変更になっている可能性もある）。

- ・4台：岡山市立中央図書館（岡山県），松山市立中央図書館（愛媛県）
- ・3台：仙台市民図書館（宮城県），つくば市立中央図書館（茨城県），長野市立南部図書館（長野県），鳥取市立中央図書館（鳥取県），倉敷市立図書館（岡山県），高松市立中央図書館（香川県）

　ただし先述したとおり，本調査では中央館に限らず，分館も含めた1館あたりの保有台数であるため，市町村で保有している台数とは異なる集計結果となっていることに注意したい（例えば鳥取市では，中央図書館の3台のほか，鳥取市立用瀬図書館と鳥取市立気高図書館に各1台保有しているため，鳥取市の保有台数は合計5台となる）。

4.2　図書館車の詳細

(1)　車体種別

①　車体の種類

　トラックやバスなど，図書館車の車体の種類について集計したものが表4-4である。なお，各車体についての説明・解説は，「回答票の記入の手引き」において，次のように記した。

- ・「2. トラック」：トラックシャーシの場合（セミバス型も含む）は，2をご選択ください。
- ・「3. バス」：マイクロバスではなく，大型のバスを意味しています。
- ・「4. ルートバン」：トラックシャーシによるワンボックス型の自動車となります。
- ・「5. ライトバン」：ワンボックス型の自動車です。代表的な自動車にハイエースがあります。
- ・「6. 軽車」：軽自動車（書架等装備の改造も含む）を意味します。

表4-4　車体種別

No	車体	n（台）	%	うち未設置		うち北海道（未設置含）	
1	マイクロバス	91	20.8%	3	13.6%	22	44.9%
2	トラック	216	49.3%	6	27.3%	5	10.2%
3	バス	16	3.7%	1	4.5%	6	12.2%
4	ルートバン	18	4.1%	0	0%	3	6.1%
5	ライトバン	31	7.1%	6	27.3%	7	14.3%
6	軽車	35	8.0%	3	13.6%	1	2.0%
	無回答等	31	7.1%	3	13.6%	5	10.2%

　表4-4をみていくと，「トラック」が約50%を占め，次いで「マイクロバス」が約20%であり，両車体で多数を占めていることがわかる。このうち，北海道（未設置含む）については，車内（内書架）を利用できるマイクロバスが多数（約45%）を占

めていることが特徴的である。

なお「5. ライトバン」を選択した図書館については，本を収納したコンテナ等を運搬する配本車（団体貸出用）の可能性も散見された。このことはすなわち，『日本の図書館』にこれらの自動車が「自動車図書館」として集計されていることを意味するといえよう。このことから，「移動図書館」や「図書館車」という用語の定義が十分ではなく，今後の課題として残された。

② 車体種別比較（特種用途自動車，「1979 年調査」）

次に，先述の「①車体の種類」の集計から「A. 特種用途自動車」（いわゆる 8 ナンバー車）である図書館車と回答した台数と，「B. 1979 年調査」を抽出して比較したものが表 4-5 である。

表 4-5 特種用途自動車・車体種別

No	車体	n（台）	％	A. うち特種用途自動車		B. 1979 年調査	
1	マイクロバス	91	20.8％	85	26.5％	194	66.2％
2	トラック	216	49.3％	186	57.9％	52	17.7％
3	バス	16	3.7％	15	4.7％	16	5.5％
4	ルートバン	18	4.1％	10	3.1％	5	1.7％
5	ライトバン	31	7.1％	15	4.7％	14	4.8％
6	軽車	35	8.0％	10	3.1％	1	0.3％
	無回答等	31	7.1％	−	−	11	3.8％

「A. 特種用途自動車」は合計で 321 台であったことから，本調査の対象（438 台）のうち，73.3％が特種用途自動車であることがわかる。表 4-5 によると，「A. 特種用途自動車」については，「トラック」と「マイクロバス」で全体の約 8 割以上を占めていることがわかる。とりわけトラックが半数以上を占めている。また「B. 1979 年調査」と比較してみると，「マイクロバス」（「1979 年調査」：66.2％）から「トラック」（本調査：49.3％）へと移行していることがわかる。同時に，本調査では，「軽車」（軽自動車）の割合も大きく増加していることがわかる。

(2) 積載冊数

① 積載冊数の傾向

図書館車の積載冊数を集計したものが表 4-6 である。このうち，市立・町村立別のデータ抽出のほか，「1979 年調査」，「1964 年調査」とのデータを比較した。

この表 4-6 によると，「2,501-3,000 冊」（うち 3,000 冊は 72 台）が最も多く，全体として 2,501 冊以上の自動車が約 35％を占めていることがわかる。他方で，「1979 年調査」をみると，1,000 冊積載（「500 以下」と「501-1,000」）までで 28.4％を占めていたことから，近年の図書館車においては過去と比較すると全体的に大型化の傾向に

32

あることがうかがえる。

　また，市立と町村立との比較をみると，積載冊数規模に差があることがわかる。市立は積載冊数が多い中型車から大型車の傾向に，他方で町村立は積載冊数が少ない小型車から中型車の傾向にあることがわかる。

表 4-6　積載冊数

No	冊数	n(台)	%	うち市立		うち町村立		1979 年調査		1964 年調査	
1	500 以下	34	7.8%	16	4.8%	12	15.0%	19	5.6%	17	11.6%
2	501–1,000	37	8.4%	23	6.9%	9	11.3%	77	22.8%	54	37.0%
3	1,001–1,500	76	17.4%	48	14.3%	24	30.0%	100	29.6%	27	18.5%
4	1,501–2,000	72	16.4%	52	15.6%	15	18.8%	66	19.5%	18	12.3%
5	2,001–2,500	48	11.0%	41	12.3%	6	7.5%	44	13.0%	16	11.0%
6	2,501–3,000	92	21.0%	81	24.3%	9	11.3%	14	4.1%	*	*
7	3,001 以上	62	14.2%	60	18.0%	1	1.3%	8	2.4%	*	*
	無回答等	17	3.9%	13	3.9%	4	5.0%	10	3.0%	14	9.6%

＊は当該冊数の調査項目がないことを示す。以後の表においても同様である。

　なお，本調査の対象である『日本の図書館』2021 年版には，「積載図書冊数」の集計がある。この項目は，「その自治体内で運行しているすべての自動車図書館の台数に積載可能な資料数の合計」であるため，複数台の図書館車を所有している図書館は合計値となっていることに留意する必要がある。その集計は表 4-7 のとおりであり，確かに 3,001 冊以上の館数が多くなるものの，おおむね表 4-6 と同様の傾向を示しているといえる。

表 4-7　『日本の図書館』（2021 年版）積載冊数

No	冊数	n（館）	%
1	500 以下	42	8.6%
2	501–1,000	42	8.6%
3	1,001–1,500	81	16.6%
4	1,501–2,000	85	17.4%
5	2,001–2,500	59	12.1%
6	2,501–3,000	88	18.0%
7	3,001 以上	91	18.6%

②　児童書の積載割合

　図書館車に積載している児童書の割合については，表 4-8 のとおりである。なお，図書館によっては，その割合を把握しておらず，不明の場合もあると推測できたため，「回答票の記入の手引き」には，「紙芝居等も含め，図書館車への積載資料のうち，大まかな割合で構いません」と記載した。

表 4-8　児童書の積載割合

No	児童書割合（%）	n（台）	%	1979 年調査（館）	
1	0–10	10	2.3%	6	2.0%
2	11–20	10	2.3%	15	5.1%
3	21–30	19	4.3%	38	12.9%
4	31–40	41	9.4%	68	23.1%
5	41–50	93	21.2%	68	23.1%
6	51–60	80	18.3%	69	23.4%
7	61–70	41	9.4%	13	4.4%
8	71–80	31	7.1%	6	2.0%
9	81–90	27	6.2%	2	0.7%
10	91–100	33	7.5%	*	*
	無回答等	53	12.1%	10	3.4%

　平均の児童書積載割合は 58.4% であり，最大は 100%（25 台），最少が 0%（6 台）であった。表 4-8 によると，41〜60% の範囲が最も多い割合であること，加えて，児童書を 7 割以上積載している図書館車が全体の約 20% を占めていることもわかる。かつての「1979 年調査」と比較すると，児童書の積載率が増加傾向にあった。

(3)　愛称・呼称

　移動図書館の愛称・呼称については，記述式による項目を設定した。その回答は，資料編「2. 調査結果付録」の移動図書館愛称一覧に掲載した。このうち，比較的多い愛称（愛称の中に含まれている言葉を含む）については，以下のとおりであった。

ひまわり	15 台
あおぞら	14 台
やまびこ	10 台
なかよし	8 台
みどり	7 台
ふれあい	7 台
そよかぜ	6 台

「ひまわり」と「あおぞら」，「やまびこ」などの名称から，自然の中を走り抜ける図書館車のイメージが伝わる。その一方で，本報告書巻末の資料編の移動図書館愛称一覧をみていくと，実に多彩な地域独自の愛称が広がっていることがわかる。なお，「移動図書館」や「図書館車」のように，愛称がない図書館車も多数存在した。

(4)　車内・車外書架の装備

　図書館車の書架の装備として，①車内書架の有無（表 4-9-1）と，②車外書架の有無（表 4-9-2）について尋ねた。両設問ともにいずれも「書架有」とする回答が多かったが，両者を比較すると，車内書架の割合が高い傾向にあることがわかる。

① 車内書架の有無

表4-9-1　車内書架の装備

No	書架	n（台）	%
1	車内書架　有	362	82.6%
2	車内書架　無	68	15.5%
	無回答等	8	1.8%

② 車外書架の有無

表4-9-2　車外書架の装備

No	書架	n（台）	%
1	車外書架　有	278	63.9%
2	車外書架　無	149	34.0%
	無回答等	11	2.5%

③ 車外書架・車内書架の組み合わせ

　車外・車内書架の組み合わせを集計していくと（表4-9-3），車内書架と車外書架の両方を備える図書館車（No.1）が半数を占め，次いで車内書架のみの図書館車（No.3）が26.3%であった。なお，両方の書架がない図書館車（No.4：34台）については，その一部は配本車や公用車としての自動車である可能性が考えられる。

表4-9-3　車外書架・車内書架の組み合わせ

No	書架		n（台）	%
1	車内書架　有	車外書架　有	243	55.5%
2	車内書架　無	車外書架　有	34	7.8%
3	車内書架　有	車外書架　無	115	26.3%
4	車内書架　無	車外書架　無	34	7.8%
	無回答等		12	2.7%

(5)　図書館車の特色装備

　図書館車における「特色装備」として，「回答票」には以下の選択肢（複数選択可）を設定し，表4-10として集計した。

　この表4-10によると，「放送設備（スピーカー・マイク）」の割合が想定よりもやや少ない傾向（68.9%）にあった。すなわち，約3割の自動車に放送設備がないことを意味する。なお，「未設置」における放送設備の回答は13台（59%）にとどまった。また，「Wi-Fi」（27台），「LTEなどのオンライン環境」（19台）の回答結果から，今後，図書館車にこうした情報通信の基盤整備が待たれることがわかる。

　なお，本調査項目においては「無回答等」の件数が多く，選択肢には該当しない図書館車も一定数存在することがうかがえるほか，一部の自動車が配本車・ライトバンの可能性もあると推測できる。

表 4-10　図書館車の特色装備

No	特色装備	n（台）	%
1	液晶モニター	34	7.8%
2	Wi-Fi	27	6.2%
3	LTE などのオンライン環境	19	4.3%
4	昇降機	125	28.5%
5	太陽光パネル	0	0.0%
6	発電機	15	3.4%
7	ハイブリッド車	11	2.5%
8	電気自動車	2	0.5%
9	放送設備（スピーカー・マイク）	302	68.9%
10	その他	47	10.7%
	無回答等	106	24.2%

「その他」の自由記述として，次のような内容があった（一部誤字等を修正）。

エンジンを切っても暖房可能，エンジン切っても冷房可能，エンジンを切っても電源供給可，室内扇風機，バックモニター，ドライブレコーダ，天井採光窓，電動テント，4WD，DC24V インバータ

4.3　運営方法

(1)　移動図書館の運営

　移動図書館の運営方法については，各館においてさまざまな方法があると推測できるため，「回答票の記入の手引き」には次のように各選択肢を説明した。

・「1．直営」：運転も含め，全て図書館員（直接雇用の非常勤の図書館員を含む）が担う方法となります。
・「2．全て委託（指定管理者含む）」：指定管理者による運営の場合，2 を選択してください。
・「4．運転・図書館車管理のみ委託」：運転と図書館車の管理（洗車・タイヤ交換等）のみ委託となる場合を指しています。

表 4-11　移動図書館の運営方法

No	運営方法	n（台）	%	うち市立		うち町村立	
1	直営	258	58.9%	180	53.9%	61	76.3%
2	全て委託（指定管理者含む）	87	19.9%	80	24.0%	7	8.8%
3	運転のみ委託	43	9.8%	32	9.6%	7	8.8%
4	運転・図書館車管理の委託	20	5.6%	17	5.1%	2	2.5%
5	その他	23	5.3%	19	5.7%	2	2.5%
	無回答等	7	1.6%	6	1.8%	1	1.3%

　表 4-11 によると，「直営」による運営が約 6 割を占め，とりわけ町村立の場合は76.3%に及ぶことがわかる。一方で市立については，「全て委託（指定管理者含む）」

4. 移動図書館実態調査報告

の割合が高い傾向（24％）にあった。ここには，指定管理者による運営と同時に，移動図書館の運営を委託している直営館も含まれていると推測する。

　なお，移動図書館の運営方法と図書館車の積載冊数との関係を分析してみると，「直営」の図書館車の場合，平均積載冊数が 2,007 冊，他方で「全て委託（指定管理者含む）」，「運転のみ委託」，「運転・図書館車管理の委託」の図書館車については，2,331 冊であり，積載冊数に若干の差が出た。

(2)　運転手

　図書館車の運転手については，「回答票の記入の手引き」に次のように各選択肢を説明した。

・「4. 指定管理者（雇用スタッフ）」：指定管理者が雇用する図書館員・スタッフが従事している場合
・「5. 指定管理者（委託)」：指定管理者が外部に委託している場合

　表 4-12-1 によると，「図書館員（正規・非正規含）」による運転が 45％を占め，このうち町村立については半数以上の割合を占めていることがわかる。これらの回答は，すべて直営館によるものと推測できる。次いで「委託」が 26.5％と続いている。

表 4-12-1　運転手について

No	運転手	n（台）	％	うち市立		うち町村立	
1	図書館員（正規・非正規含）	197	45.0％	143	42.8％	44	55.0％
2	専属（直接雇用）	39	8.9％	29	8.7％	7	8.8％
3	委託	116	26.5％	93	27.8％	18	22.5％
4	指定管理者（雇用スタッフ）	40	9.1％	38	11.4％	2	2.5％
5	指定管理者（委託）	17	3.9％	15	4.5％	2	2.5％
6	その他	18	4.1％	7	2.1％	5	6.3％
	無回答等	11	2.5％	9	2.7％	2	2.5％

　その他の回答については，以下の記述があった。

市職員，再任用，会計年度任用職員，派遣，シルバー人材派遣，シルバー人材センター，委託（委託)，再委託，他の施設職員に依頼，公民館の図書委員，公民館職員，公民館スタッフ，事務補助，図書館員とボランティア，教育委員会生涯学習課職員，教育委員会社会教育課職員，教育委員会職員，教育委員会対応，生涯学習課職員，教育委員会職員

　図書館車の運転手について，過去の「1979 年調査」と比較すると，表 4-12-2 のとおりとなる。調査における選択肢が異なるので，両者の十分な比較は難しいが，かつては自館の職員で運転する傾向（約 90％）にあり，「委託」はわずかな数値であったことがわかる。

37

表 4-12-2　運転手について（「1979 年調査」比較）

No	運転手	n（台）	%	1979 年調査	
1	図書館員（正規・非正規含）	197	45.0%	*	*
	専任	*	*	146	49.5%
	司書	*	*	21	7.1%
	一般職	*	*	96	32.5%
2	専属（直接雇用）	39	8.9%	*	*
3	委託	116	26.5%	10	3.9%
4	指定管理者（雇用スタッフ）	40	9.1%	*	*
5	指定管理者（委託）	17	3.9%	*	*
6	その他	18	4.1%	*	*
	無回答等	11	2.5%	22	7.5%

(3)　同行人数

　運転手を含む 1 巡回あたりの同行人数については，表 4-13 のとおりである。これについても調査項目が若干異なるが，「1979 年調査」と「1964 年調査」とを比較した。同行人数については，巡回先・ルートによって異なると推測できるため，「回答票の記入の手引き」には「年間を通しての標準的・平均的な人数」とし，数値の記入欄を設定した。

　表 4-13 をみると，2 人から 3 人による巡回が最も多いことがわかる。このことは，運転手 1 人に，1～2 人の図書館員が同乗していることになる。他方で，4 人以上（調査項目「4 人」から「6 人以上」の合計）の人数について「1979 年調査」と比較すると，「1979 年調査」が 10% 近くを占めており（本調査では 3.7%），本調査では比較的少人数での巡回となっていることがわかる。

表 4-13　1 巡回あたりの同行人数

No	人数	n（台）	%	1979 年調査		1964 年調査	
1	1	53	12.1%	35	11.9%	3	2.1%
2	1.5	4	0.9%	*	*	1	0.7%
3	2	258	58.9%	142	48.1%	75	51.4%
4	2.5	7	1.6%	*	*	11	7.5%
5	3	89	20.3%	72	24.4%	16	11.0%
6	3.5	4	0.9%	*	*	13	8.9%
7	4	11	2.5%	20	6.8%	0	0%
8	4.5	2	0.5%	*	*	0	0%
9	5	3	0.7%	4	1.4%	1	0.7%
10	6 以上	0	0%	5	1.7%	0	0%
	無回答等	7	1.6%	17	5.8%	26	17.9%

　加えて，1 人から 1.5 人の巡回も「1979 年調査」，「1964 年調査」と比較すると本調査の割合は高い。表 4-13 から，12.1% の図書館車は運転手 1 人で巡回していることがわかる。

4. 移動図書館実態調査報告

4.4　巡回方法

(1)　年間出動日数

　図書館車 1 台あたりの年間の出動日数は表 4-14-1 のとおりである。市立と町村立
の図書館，さらに「1979 年調査」とを比較した。

表 4-14-1　年間出動日数

No	日数	n（台）	%	うち市立		うち町村立		1979 年調査（台）	
1	100 以下	155	35.4%	83	24.9%	57	71.3%	114	38.6%
2	101-120	36	8.2%	31	9.3%	4	5.0%	25	8.5%
3	121-140	36	8.2%	28	8.4%	7	8.8%	31	10.5%
4	141-160	59	13.5%	52	15.6%	3	3.8%	31	10.5%
5	161-180	47	10.7%	42	12.6%	5	6.3%	35	11.9%
6	180 以上	84	19.2%	80	24.0%	1	1.3%	42	14.2%
	無回答等	21	4.8%	18	5.4%	3	3.8%	17	5.8%

　これによると，「100 以下」が最も多く，次いで「180 以上」，「141-160」と続いて
いることがわかる。この結果は，おおむね「1979 年調査」と同様の傾向を示してい
る。また，表 4-14-1 で市立と町村立の図書館とを比較すると，町村立では「100 以
下」が 7 割を超えているが，市立図書館は比較的年間出動日数が多く，例えば「180
以上」は 24%を占めていることがわかる。なお，1 台あたりの平均出動日数は 127.6
日であった。

　この表 4-14-1 のうち，「100 以下」と「180 以上」についてデータを抽出し，その
内訳をさらに分析していくと，表 4-14-2 のとおりとなった。

表 4-14-2　年間出動日数（100 日以下，180 日以上）

No	日数	n（台）	%
1	100 以下	155	35.4%
	うち 0-30	33	
	うち 31-60	52	
	うち 61-100	70	
6	180 以上	84	19.2%
	うち 180-200	53	
	うち 201-220	13	
	うち 221-240	7	
	うち 241 以上	11	

　これによると，「100 以下」の内訳はややばらつきがあるものの「61-100」が多く，
他方で「180 以上」の場合は「180-200」が最も多い傾向を示した。

(2)　年間走行距離

　図書館車 1 台あたりの年間走行距離を集計したものが表 4-15 である。数値の記述

式とし，各館で正確な数値の集計が困難な場合も推測できたため，「回答票記入の手
引き」には「不明な場合は，大まかな距離数で構いません」と説明した。

表 4-15　年間走行距離

No	km	n（台）	%
1	0-1,000	43	9.8%
2	1,001-2,000	59	13.5%
3	2,001-3,000	53	12.1%
4	3,001-4,000	56	12.8%
5	4,001-5,000	50	11.4%
6	5,001-6,000	42	9.6%
7	6,001-7,000	43	9.8%
8	7,001-8,000	24	5.5%
9	8,001-9,000	10	2.3%
10	9,001-10,000	8	1.8%
11	10,001-11,000	8	1.8%
12	11,001 以上	11	2.5%
	無回答等	31	7.1%

　全台数の平均走行距離を算出すると 5,141km であったが，表 4-15 で 1,000km ごと
に区分して数値を整理したところ，1,000〜5,000km の台数が多い傾向を示した。な
お，10,000km 以上と回答した図書館を抽出していくと，その都道府県の台数は，

　　北海道 2，青森県 1，秋田県 1，宮城県 2，福島県 3，千葉県 1，神奈川県 2，
　　大阪府 1，熊本県 1，山口県 1，高知県 1，長崎県 1，大分県 1，沖縄県 1

であり，これら図書館車の年間出動日数の平均が 188.9 日，平均積載冊数が 2,689 冊
であった。

(3)　土曜日・日曜日の出動
表 4-16　土日の出動

No	選択肢	n（館）	%	うち市立		うち町村立	
1	土日あり	24	6.2%	23	8.2%	1	1.2%
2	土曜あり	53	13.6%	46	16.3%	5	6.0%
3	日曜あり	7	1.8%	6	2.1%	1	1.2%
4	土日なし	294	75.4%	201	71.3%	71	85.5%
	無回答等	12	3.1%	6	2.1%	5	6.0%

　土曜日，日曜日の出動（定期巡回を対象）については，表 4-16 のとおりである。
土日の出動がない図書館が 75.4% であることがわかるほか，土曜日の巡回が 53 館
（13.6%）で行われ，市立でその割合がやや高いことがわかる。

このうち，「土日あり」と回答した図書館における都道府県は以下のとおりである（本調査は 2022 年度を対象としているため，その後，変更になっている可能性もある）。これをみていくと，西日本の地域が多数を占めていることがわかる。

千葉県 1，埼玉県 1，静岡県 1，大阪府 3，兵庫県 2，和歌山県 1，岡山県 2，
広島県 1，愛媛県 2，高知県 1，福岡県 2，鹿児島県 2，沖縄県 5

この土日巡回について，「1979 年調査」の結果は表 4-17-1 と表 4-17-2 のとおりであった。表 4-16 と比較していくと，かつては現在よりも土曜（午後）と日曜の巡回の割合が高い傾向にあることがわかる。特に「1979 年調査」では，日曜日の巡回は12.9％であった（本調査では 1.8％）。

表 4-17-1 「1979 年調査」土曜巡回

No	選択肢	n（館）	%
1	土曜午後あり	73	24.7％
2	土曜午後なし	213	72.2％
3	不明	9	3.1％

表 4-17-2 「1979 年調査」日曜巡回

No	選択肢	n（館）	%
1	日曜あり	38	12.9％
2	日曜なし	246	83.4％
3	不明	11	3.7％

（4）　ステーション数

①　1 巡回あたり平均ステーション数

　1 巡回あたりの平均ステーション数について，本調査の結果と「1979 年調査」における「1 日あたり平均ステーション数」との比較が表 4-18 である。

表 4-18　1 巡回あたりの平均ステーション数

No	ステーション数	n（館）	%	1979 年調査：1 日あたり	
1	1	54	13.8％	10	3.4％
2	1.1-2	60	15.4％	52	17.6％
3	2.1-3	88	22.6％	54	18.3％
4	3.1-4	64	16.4％	49	16.6％
5	4.1-5	51	13.1％	36	12.2％
6	5.1-6	21	5.4％	25	8.5％
7	6.1-7	11	2.8％	17	5.8％
8	7.1 以上	27	6.9％	35	11.9％
	無回答等	14	3.6％	17	5.8％

これによると，本調査では 1〜3 か所の範囲内で約 52％を占めていることがわかる。本調査での平均は，3.89 ステーション，最少が 1，最大が 13 であった。他方で，「1979 年調査」は 1 日あたりの平均となるため，本調査との単純な比較は難しいが，「1979 年調査」と本調査を比較すると，現在は 1 巡回あたりのステーション数が少ない傾向にあった。

なお，本設問については，1 日で午前・午後の定期巡回をしている図書館の場合，午前巡回後の帰館の有無によって，午前と午後で 2 巡回（もしくは 1 巡回）と回答館の判断が分かれたと推測できるため，あくまで本設問の結果については参考値となる。

② 1館あたり合計ステーション数

1 館あたりの移動図書館のステーション数を集計したものが表 4-19 である。1 館において複数台の図書館車を保有する場合は，その合計値を算出いただいた。その結果，全回答館の平均のステーション数は 31，最少が 1，最大が 167 であった。

また表 4-19 をみていくと，「21-25」が最も多く，次いで「16-20」が多いことがわかる。これらを『日本の図書館』2021 年版の数値（巡回駐車場数：自治体内で定期に設置されている自動車図書館の駐車場数）と比較すると，おおむね本調査結果と同様の傾向にあることがわかる。

他方で，「1964 年調査」の傾向と比較すると，現在のステーション数が比較的減少していることがわかる（「1979 年調査」では 1 日平均のステーション数の調査のみであったため，比較検討ができなかった）。

表 4-19　1館あたり合計ステーション数

No	ステーション数	n（館）	%	『日本の図書館』2021 年版		1964 年調査	
1	1-5	32	8.2%	55	11.3%	2	1.7%
2	6-10	34	8.7%	43	8.8%		
3	11-15	35	9.0%	52	10.7%	9	7.7%
4	16-20	41	10.5%	57	11.7%		
5	21-25	45	11.5%	56	11.5%	9	7.7%
6	26-30	35	9.0%	41	8.4%		
7	31-35	37	9.5%	54	11.1%	8	6.8%
8	36-40	23	5.9%	27	5.5%		
9	41-45	20	5.1%	21	4.3%	14	12.0%
10	46-50	10	2.6%	16	3.3%		
11	51-55	14	3.6%	17	3.5%	16	13.7%
12	56-60	11	2.8%	8	1.6%		
13	61-65	6	1.5%	8	1.6%	16	13.7%
14	66-70	5	1.3%	6	1.2%		
15	71-75	4	1.0%	3	0.6%	8	6.8%
16	76-80	5	1.3%	6	1.2%		
17	81 以上	17	4.4%	18	3.7%	35	29.9%
	無回答	16	4.1%	*	*	*	*

なお，「81 以上」のステーションを有する図書館（17 館）を抽出したところ，以下のとおり多くの図書館は複数台の図書館車を所有し，これらの図書館では 1 巡回あたりの平均ステーション数が 5.3 か所であった。

・1 台：4 館

・2 台：8 館

・3 台：3 館

・4 台：2 館

(5) 巡回周期

表 4-20　巡回周期

No	巡回周期	n（館）	%	うち市立		うち町村立		1979 年調査	
	月 1 回以上	*	*	*	*	*	*	22	7.5%
1	月に 1 回	151	38.7%	106	37.6%	35	42.2%	140	47.5%
	3 週間に 1 回	*	*	*	*	*	*	14	4.7%
2	2 週間に 1 回	160	41.0%	121	42.9%	32	38.6%	98	33.2%
3	1 週間に 1 回	7	1.8%	4	1.4%	1	1.2%	*	*
	10 日	*	*	*	*	*	*	3	1.0%
4	その他	58	14.9%	43	15.2%	10	12.0%	6	2.0%
	無回答等	14	3.6%	8	2.8%	5	6.0%	12	4.1%

　続いて移動図書館の巡回周期（定期巡回）である。もちろん各館の巡回コースによって巡回周期が異なる場合もあるため，「回答票の記入の手引き」において「平均的・一般的な巡回周期」として選択いただいた。

　表 4-20 によると，全体的な傾向として，「月 1 回」と「2 週間に 1 回」とに大きく分かれていることがわかる。「1979 年調査」と比較すると，本調査では「月 1 回」が少なく，「2 週間に 1 回」の巡回が多いこともわかる。

　このほか，「その他」の記述内容として，以下の記述があった（抜粋，記述内容を分類・整理した）。これらの記述内容をみていくと，「月 2 回巡回」や「年 10 回巡回」とする内容が比較的多い傾向にあった。

週に 0〜3 回，1 週間に 2 回，1 週間に 4 回

2 週間に 1 回，3 週間に 1 回，4 週間に 1 回

45 日に 1 回

1 ヶ月に 1 回，月に 1〜2 回，月 1〜3 回，月 2 回，月 3 回，月に 4 回，月 8〜10 回，月 8 回

約 1 ヵ月半に 1 回，2 ヵ月に 1 回，3 ヵ月に 1 回，3〜4 ヶ月に 1 回

年 6 回，年 10 回

1 ステーションのみ 1 週間に 1 回

1ケ所のみ週1回　他は2週に1回

1～2月（冬季）巡回なし

月上旬に6コースに分けて巡回

ステーションにより月1～2回

小学校2週間1回　その他1ヵ月に1回

月1または2回　学校は長期休暇中の8月は休み。1月は休み。

小学校・幼稚園は月2回・保育所は月1回

老人施設2ケ所→月に1回

表4-21　巡回間隔（『日本の図書館』2021年版）

No	巡回間隔	n（館）	%
1	1-7	5	1.0%
2	8-14	170	34.8%
3	15-21	26	5.3%
4	22-28	10	2.0%
5	29-35	174	35.7%
6	36-49	2	0.4%
7	50以上	6	1.2%
	その他	95	19.5%

　なお，本調査の対象とした『日本の図書館』2021年版においても，「巡回間隔」の集計（「ひとつの駐車場に何日に1回の割合で巡回するか，通常の巡回間隔を入力」）があったため，表4-21に数値を整理した。

　この表4-21によると，先の表4-20「巡回周期」と同じような傾向を示し，2週間に1回の巡回か，1か月に1回の巡回かに大きく分かれていることがわかる。このほか，「その他」については，以下のような回答が『日本の図書館』に集計されていた（抜粋，記述内容を分類・整理した）。

7日に2度，週1回，週に1回（15か所），週一回または月二回

隔週，14～1ヶ月，14日に1度（小学校は7日に1度），14または月に1度，15日に1度，個人14日に1度　団体28日に1度

学校～毎月，高齢者施設～月1回，小学校他毎月1回

1～2ヵ月に1度，1か月に1度又は2度，1か月に2度，5箇所1ヶ月に1度

2週に1回（16か所），小学校14日に1度・保育所30日に1度，月1回

30日に1，2度，30日に1度（7ヶ所は15日に1度），30日に1度，一部30日に2度

月2回，月3回，公民館毎月2回

4箇所年2回，7（一部14日に1度）

平均37日に1度（年間10回/1ステーションあたり）

不定期

(6) 標準的な停車時間

ステーションでの標準的な停車時間を自由記述式（数値）により回答いただいた。表 4-22 がその分布である。

表 4-22　標準的な停車時間

No	時間	n（館）	%	1979 年調査		1964 年調査	
1	30 分以下	242	62.1%	112	37.7%	34	34.7%
	うち 1-15 分	34	8.7%	*	*	*	*
	うち 16-30 分	208	53.3%	*	*	*	*
2	31-40 分	47	12.1%	44	14.8%	27	27.6%
3	41-50 分	34	8.7%	41	13.8%	12	12.2%
4	51-60 分	38	9.7%	68	22.9%	18	18.4%
5	61-70 分	1	0.3%	3	1.0%	1	1.0%
6	71 分以上	14	3.6%	18	6.1%	6	6.1%
	無回答	14	3.6%	11	3.7%	*	*

これによると，半数の図書館が「16-30 分」であり，過去の「1979 年調査」と比較すると，本調査では比較的短時間停車の傾向にあることがわかる。かつての「1979 年調査」と「1964 年調査」をみていくと，とりわけ「51-60 分」の停車時間が高い割合を示していた。なお，本調査での「標準的な停車時間」の平均は 35.9 分であった。

(7) 最長・最短停車時間

ステーションでの最長・最短の停車時間についても，自由記述式（数値）によりそれぞれ回答いただいた。まず最長の停車時間についてみていくと（表 4-23），「51-60分」の図書館が最も多く，次いで「71 分以上」であった。回答館の最長停車時間の平均は 60.3 分であった。

表 4-23　最長停車時間

No	時間	n（館）	%
1	30 分以下	63	16.2%
	うち 1-15 分	9	2.3%
	うち 16-30 分	54	13.8%
2	31-40 分	58	14.9%
3	41-50 分	58	14.9%
4	51-60 分	85	21.8%
5	61-70 分	17	4.4%
6	71 分以上	82	21.0%
	うち 71-90 分	45	11.5%
	うち 91-120 分	23	5.9%
	うち 120 分以上	14	3.6%
	無回答等	27	6.9%

さらに，このうち「71分以上」の図書館の内訳をみていくと（表4-23），おおむね90分までの図書館が多い傾向にあった。なお，「1979年調査」における最長の停車時間は，80分以下が約57%を占め，次いで81〜100分が11.2%，101〜120分が11%と続いていた。

表4-24　最短停車時間

No	時間	n（館）	%
1	30分以下	308	79.0%
	うち1-15分	136	34.9%
3	41-50分	10	2.6%
4	51-60分	14	3.6%
5	61-70分	0	0.0%
6	71分以上	3	0.3%
	うち71-90分	1	0.8%
	うち91-120分	0	0.0%
	うち120分以上	0	0.0%
	無回答	28	7.2%

その一方で，最短の停車時間をみていくと，表4-24のとおり「30分以下」の図書館が約80%を占めていることがわかる。最短停車時間の回答館平均は23.9分であった。

なお，「1979年調査」の最短停車時間は，21〜30分が28.5%，11〜20分が24.4%，31〜40分が10.1%と続いていた。

(8)　雨天時の巡回

雨天時の巡回の有無についての設問は，以下の表4-25のとおりになった。なお，「回答票の記入の手引き」において，「対象は通常の雨天時としています。雨天の場合の巡回の有無をお尋ねする質問です。なお，明らかに巡回が困難な『荒天』（台風等）や『大雪』は除きます」と説明した。表4-25によると，多くの図書館では雨天時でも巡回していることがわかる。

なお，「1979年調査」と比較すると，本調査では雨天であっても巡回する傾向にあることがわかる。

表4-25　雨天時の巡回

No	選択肢	n（館）	%	1979年調査	
1	有	351	90.0%	143	48.5%
2	無	26	6.7%	100	33.9%
	両方	*	*	24	8.1%
	無回答等	13	3.3%	28	9.5%

(9) 早朝・夜間の巡回

続いて，早朝や夜間の定期巡回の有無である。「回答票の記入の手引き」には，「臨時巡回ではなく，定期巡回における早朝，夜間の巡回についての有無をお答えください」とし，早朝の巡回については，9:00以前の時刻，夜間については18:00以降の時刻とした。

まず早朝の巡回（表4-26）をみていくと，多数の図書館が「無」であった。「有」の図書館が3館であったが，それぞれ異なる県の図書館であり，岡山県，香川県，鹿児島県内の各図書館であった。

表4-26　早朝の巡回

No	選択肢	n（館）	%
1	有	3	0.8%
2	無	375	96.2%
	無回答等	12	3.1%

夜間の巡回をみても（表4-27），「無」と回答する図書館が多数を占めた。「有」と回答した図書館は3館であり，茨城県，愛媛県，長野県内の各図書館であった。

表4-27　夜間の巡回

No	選択肢	n（館）	%
1	有	3	0.8%
2	無	375	96.2%
	無回答等	12	3.1%

(10) 定期巡回先

定期巡回先（ステーションの場所：複数選択可）について，回答数の多い順に整理したものが表4-28である。

これによると，巡回先の上位は，「小学校」（No.1）や「幼稚園・保育園」（No.2），「高齢者施設」（No.3）といった子どもや高齢者の利用を主眼とした施設等への巡回であることがうかがえる。さらに各館の回答から，総じて施設等に常駐している「人」がいる場所への巡回傾向も読み解くことができる。その一方で，「児童相談所」（No.31），「子ども食堂」（No.32），「刑務所・少年院・矯正施設」（No.32）などへの回答数は少なかった。市立と町村立の巡回先を比較すると，「公営・公社団地」（No.7）や「社寺」（No.13），「特別支援学校」（No.16）は市立図書館の割合が高く，他方で「中学校」（No.8）や「高等学校」（No.27）は町村立の割合が高い傾向を示した。

表 4-28 定期巡回先

No	巡回先	n（館）	％	うち市立		うち町村立	
1	小学校	314	80.5％	232	82.3％	61	73.5％
2	幼稚園・保育園	229	58.7％	161	57.1％	53	63.9％
3	高齢者施設	222	56.9％	175	62.1％	37	44.6％
4	公民館・社会教育館	205	52.6％	174	61.7％	25	30.1％
5	集会所	190	48.7％	154	54.6％	27	32.5％
6	公園	141	36.2％	127	45.0％	12	14.5％
7	公営・公社団地	124	31.8％	111	39.4％	8	9.6％
8	中学校	116	29.7％	77	27.3％	30	36.1％
9	市役所・町役場・支所	103	26.4％	81	28.7％	16	19.3％
10	学童保育	101	25.9％	79	28.0％	17	20.5％
11	障がい者施設	94	24.1％	78	27.7％	15	18.1％
12	その他	84	21.5％	59	20.9％	17	20.5％
13	社寺	57	14.6％	54	19.1％	3	3.6％
14	病院・診療所・歯科医院	51	13.1％	36	12.8％	11	13.3％
15	個人商店，理美容店	48	12.3％	36	12.8％	11	13.3％
16	特別支援学校	47	12.1％	45	16.0％	1	1.2％
17	ショッピングセンター	43	11.0％	40	14.2％	2	2.4％
18	社宅・寮・官舎	41	10.5％	34	12.1％	5	6.0％
19	JA・農協	39	10.0％	38	13.5％	1	1.2％
20	鉄道駅・駅前	34	8.7％	30	10.6％	4	4.8％
21	民間分譲マンション	26	6.7％	26	9.2％	0	0.0％
22	バスターミナル・バス停	25	6.4％	22	7.8％	3	3.6％
23	博物館・美術館・資料館	22	5.6％	18	6.4％	3	3.6％
24	会社・オフィス街	20	5.1％	16	5.7％	3	3.6％
25	道の駅・ドライブイン	18	4.6％	13	4.6％	4	4.8％
26	文化センター・ホール	14	3.6％	13	4.6％	1	1.2％
27	高等学校	13	3.3％	5	1.8％	8	9.6％
28	工場・工業団地	12	3.1％	12	4.3％	0	0.0％
29	銭湯，温泉，公衆浴場	11	2.8％	8	2.8％	2	2.4％
30	大学・短大・専門学校	5	1.3％	5	1.8％	0	0.0％
31	児童相談所	4	1.0％	3	1.1％	0	0.0％
32	子ども食堂	2	0.5％	2	0.7％	0	0.0％
32	刑務所・少年院・矯正施設	2	0.5％	2	0.7％	0	0.0％
	無回答	6	1.5％	2	0.7％	3	3.6％

　これらのうち，回答数が少数であった定期巡回先（No.29〜32）について，都道府県名を以下のとおり整理した。

・「銭湯，温泉，公衆浴場」：北海道 2，青森県，秋田県，東京都，神奈川県，長野県，岡山県，香川県，熊本県，大分県

・「大学・短大・専門学校」：北海道，鳥取県，島根県，徳島県，香川県

・「児童相談所」：北海道，福島県，高知県，沖縄県

・「子ども食堂」：兵庫県，愛媛県

・「刑務所・少年院・矯正施設」：岡山県，兵庫県

なお，「その他」については，84館（21.5％）から以下のような回答があった（抜粋，記述内容を分類・整理した）。これによると，個人宅（個人宅前）が最も多く，コンビニエンスストア，スポーツ・体育施設，郵便局，児童福祉施設，スーパーなども多数みることができる。

・市町村立図書館，文庫，家庭文庫
・私有地，個人宅前，個人宅，個人宅の敷地内，事前予約された個人宅，希望のある個人宅，個人所有駐車場，駐車場，地域協力者私有地，民地（地権者提供），住宅街空地，私有地，個人集落（個定），個人が所有する空き地
・民間アパート，市営住宅，地域の空地や駐車場，大型団地空き地
・道路，路上，民間駐車場，遊歩道，小学校跡地，支所跡地，土地改良区
・小中一貫校，小学校分校（休校中），地区公民館，自動車学校，学習塾
・郵便局，信用金庫
・警察署，駐在前，消防署出張所
・子育て支援センター，子育て支援施設，教育福祉センター，児童センター，児童施設，児童館，児童養護施設，児童自立支援施設，教育支援センター（不登校の児童・生徒が通っている），発達支援センター
・障害児通所施設，市立福祉施設，福祉施設，老人ホーム，保健センター，町総合福祉保健センター
・スポーツレクリエーション施設，総合交流センター（体育交流施設），スポーツ広場，社会体育館，スポーツ施設，スイミングプラザ，町立武道館
・天文台，海洋センター，漁協，漁協広場，渡船場，フェリーターミナル
・コンビニ駐車場，スーパーマーケット，大型スーパー，ホームセンター，民間スーパー，商業施設（スーパー，ドラッグストア等），カフェ
・牧場，銭湯，観光施設，観光案内所，特産物直売所，旅館の駐車場

このほか，回答票には，「＊上記のほか，定期巡回先（ステーション）の特徴がありましたらお書きください」という自由記述欄を設定した。その回答（抜粋，記述内容を整理した）は以下のとおりであり，地域の事情を背景とした巡回が行われていることがうかがえる。

・（県立図書館のため−著者注）申請自治体の希望によりステーションを決定するため，実施年度によって多少変化する。
・公立保育所，公立高齢者サポートセンター
・児童発達支援・放課後等デイサービス，児童養護施設
・市内幼稚園・保育所（全認可保育所）のみを巡回。園児一人あたり1冊〜2冊の貸出。ただし2021年度〜2022年度はコロナの為，一人一冊の制限を設けました。
・年間計画の上では小学校での質・量ともにウェイトが大きい。
・現在は，巡回を希望している小学校のみ訪問
・定期巡回ではないが，令和元年度より市立幼稚園への巡回あり（希望制）。なお，令和5年度よ

り市立保育園も対象となり，対象を拡大した：回数制限あり
・巡回先は高齢者施設及び病院に限定している。
・保育施設や高齢者施設，適応指導教室への定期配本を行っている。
・身障者を対象とした家庭配本
・義務教育学校
・その地区でご要望があれば，個人宅前などお借りして行っている。
・利用者宅付近
・個人のお宅にも巡回します。
・基本的に個人宅，会社等
・利用者さん希望の車の駐車可能な道路
・共同組合駐車場を借りての一般利用者向けの巡回
・遠隔地希望集落
・町の土地的形状から，図書館から距離のある巡回希望個人宅への巡回
・①フェリーで海を渡り離島を巡回している　②大型商業施設・児童館を土日に長時間（100分）
　巡回する場所を12箇所設けている。
・漁港
・無人販売所
・障がい者施設は高齢視覚障害者施設。町総合福祉保健センターは中学校の近隣施設。
・スーパーマーケット，コンビニエンスストア，ドラッグストア，児童養護施設
・刑務所作業製品展示場
・多くは町外に所在する福島県復興公営住宅を巡回しています。

(11)　巡回時の音楽

　ステーション到着前や到着時に図書館車から音楽を流すかどうかの設問について
は，表4-29-1のとおりとなった。「回答票の記入の手引き」には，「ステーション到
着前や到着時に，図書館車のスピーカーから音楽を流しているかをお尋ねします」と
した。その結果，表4-29-1をみていくと，「はい」と「いいえ」に回答が大きく分か
れる傾向にあったが，市立と町村立の内訳をみると市立が音楽を流す傾向にあること
がわかる。

表4-29-1　巡回時の音楽

No	巡回時の音楽	n（館）	％	うち市立		うち町村立	
1	はい	199	51.0％	159	56.4％	31	37.3％
2	いいえ	177	45.4％	115	40.8％	47	56.6％
	無回答等	14	3.6％	8	2.8％	5	6.0％

表4-29-2　放送する曲の種類

No	曲の種類	n（館）	％
1	オリジナルの作曲	44	22.1％
2	既発表（市販）の曲	139	70.0％
	無回答等	16	8.0％

　表4-29-1で「はい」と回答した199館のうち，どのような曲かを尋ねたところ，

表 4-29-2 のとおりとなった。多くは既発表の市販の曲であったが，22.1％の図書館がオリジナルの曲を流していることがわかった。なお，「回答票の記入の手引き」には，オリジナル作曲を「貴館独自に作曲した音楽を指しています」とし，既発表（市販）の曲を「市販の曲や既に発表・公表されている音楽を指しています」とした。

これらのオリジナルの曲，既発表の曲のうち，曲名については自由記述式とした。その記述内容は以下のとおりである（抜粋，記述内容を分類・整理した）。オリジナルの曲，既発表曲のいずれにも，いわゆる市の歌（市歌）が入っていたが，ここではそのままの記述内容で整理した（オリジナルの曲か，既発表の曲かを迷った図書館が多かったと推測できる）。

このうち，オリジナルの曲をみていくと，タイトルから地域の個性が伝わる。また，既発表曲については実に多彩な曲があり，分類等は難しいが，比較的多い回答は，「となりのトトロ」，「さんぽ」，「まちどおしいな・ブックモビル」，「図書館で会いましょう」，「もりのくまさん」であった。

■オリジナルの作曲

きて！みて！きみぴょん！，星のふるさと，夢を見る海，夢の向こうに，はまかぜ号のテーマ，山寺宏一さんのプクちゃん号案内アナウンス，動く図書館おおぞら号，入間市立図書館のうた，図書館ソング，まーる号のうた，移動図書館の歌，こぐま号のうた，あいあい号の歌，こっかあら号が行くよ，ちえぞう君の歌，愛くるしい妖精ふじっこちゃん，うらら号の曲，「やまびこ号のうた」「やまびこ号がやってきた」

市民歌，佐久 わが市（まち），「やさしい風の吹くまち」ちめいど（三田市イメージソング），松山市の歌（カラオケ），しらおい元気まち体操，西之表市民の歌，長与町町歌―明日をひらく―(演奏のみ)，ほっとサン大津

「巡回車が到着しました」のアナウンス，オルゴール曲，曲名なし

■既発表（市販）の曲

チェンバロ協奏曲（バッハ），シューベルト「ます」第4楽章，カッコー ワルツ，シンコペーテッド・クロック（ルロイ・アンダーソン），フルート四重奏曲第1番ニ長調（モーツァルト），フォスター名曲集，カチューシャの唄，乙女の祈り（バダジェフスカ），アイネ・クライネ・ナハトムジーク，フィガロの結婚，ビバルディ春，口笛吹と犬

どんぐりころころ，一年生になったら（童謡），森のくまさん，かもめの水兵さん，おさるのかごや，箱根八里，とんびなど（童謡ランダム），川はよんでる，きらきら星（メロディー），山の音楽家，「ぶんぶんぶん」，「みかんの花」，きゅっきゅっきゅう，なかよし小道，ABC のうたなどの児童向けソング，月の砂漠，村の鍛冶屋，峠の我が家（アメリカ民謡），ダスタフス・スコール，マイム・マイム

スタジオジブリ名曲集，となりのトトロ，さんぽ，仕事はじめ（魔女の宅急便サントラ音楽集），ジブリ，ジブリオルゴール，「にっぽん昔ばなし」，茶つみ（夏も近づく～）の替え歌，ぼくの伯父さん，ドレミの歌，第三の男（原題：The Third Man），イッツ・ア・スモールワールド，小さな世界，上をむいてあるこう，おどるポンポコリン，不思議なピーチパイ，野に咲く花のように，ポール・モーリア「青春に乾杯」，オリーブの首飾り，星のセレナーデ，恋はみずいろ，パプリカ，丘の上で（はじめにきよし），夢のお馬車，君と僕，こころつないで，あの日のまんま，ラヴァース

コンチェルト，ロンド
上田市民の歌，富岡わがまち（町民歌），東広島市歌，鹿児島市民歌，潮騒と星のまち（山口県下松市制 50 周年記念），たらりら 久慈 Ver.，沼田の歌，ふるさとは東山（インストゥルメンタル），町公式キャラクターテーマソング，『わたしのまち ときめきのまち』（福井市民の歌），ポテくまマーチ，AIZU その名の情熱，この街が好き，江差わが街，風の町しかおい
ブック・モビルのうた，まちどおしいな ブック・モビル，図書館で会いましょう，季節の曲，サブスクから気分で

（12） 広報

　各館における移動図書館の広報手段について尋ねた（複数選択可）。表 4-30 をみていくと，「Web ページ」（No.4）や「自治体の広報紙」（No.1）が多い傾向を示した。

表 4-30　移動図書館の広報手段

No	広報手段	n（館）	％
1	自治体の広報紙	243	62.3％
2	回覧板	28	7.2％
3	SNS	60	15.4％
4	Web ページ	295	75.6％
5	案内チラシ	180	46.2％
6	図書館報	151	38.7％
7	看板・掲示板	61	15.6％
8	その他	45	11.5％
	無回答等	13	3.3％

　このうち，「その他」（45 館，11.5％）の記述内容は，以下のとおりである（抜粋，記述内容を分類・整理した）。これをみると，防災無線（町内放送）や，地元の新聞，巡回表の配布など，地域の実情の沿った広報手段であることがわかる。

対象自治体への希望調査（文書），文書により直接通知
県立は広報を行わないが，巡回先の市町村立図書館が行う場合がある（広報紙，図書館だより，防災無線など）。
ケーブルテレビ，ローカル TV，コミュニティラジオ，防災無線，同報無線，町内放送，音声放送
新聞，地元紙，地元新聞・テレビ等，地元新聞，地区広報紙，公民館報
学校・施設への通知，学校に案内配布，学校へ直接，幼保小に電話連絡をする
巡回表配布，年間予定表配布，年間計画表を巡回先に配布，ステーションに日程表を送付
市のアプリ，ポスター，館内掲示，バスに掲示，図書館 HP

（13）　ステーションの運営

　巡回先のステーションの運営について，①ステーションマスターの有無，②移動図書館友の会の有無，③住民のボランティアの有無についてそれぞれ尋ねた。

① ステーションマスター

ステーションマスターについては，「回答票の記入の手引き」に次のように説明した。

「ステーションマスター（駐車場主任）」：巡回地区の連絡窓口ステーションの利用者や設営等を取りまとめる地元の世話人を意味します。図書館や教育委員会が委嘱するケースが多く，謝金が発生する場合があります。今回の調査では，有償・無償を問わず，ステーションマスターとして委嘱されている方がいる場合についてお答えください。全てのステーションではなく，一部のステーションにてステーションマスター（駐車場主任）の委嘱がある場合も「有」としてください。

その結果，表4-31に集計したとおり，多くの図書館で「無」であった。「有」と回答した図書館の都道府県は，以下のとおりであり，西日本地域の図書館が比較的多いことがわかる。

福島県，千葉県2，神奈川県，長野県，石川県，大阪府2，奈良県，鳥取県2，岡山県2，広島県3，徳島県，佐賀県，熊本県，宮崎県

表4-31　ステーションマスターの有無

No	選択肢	n（館）	%
1	有	20	5.1%
2	無	359	92.1%
	無回答等	11	2.8%

② 移動図書館友の会

続いて，移動図書館友の会の有無についても，以下の表4-32のとおり，多くの図書館で「無」であった。

表4-32　移動図書館友の会の有無

No	選択肢	n（館）	%
1	有	5	1.3%
2	無	372	95.4%
	無回答等	13	3.3%

回答票には，「有」の場合，組織の名称や活動内容について回答する自由記述欄を設定した。これによると以下のとおりであった（「有」は，北海道，岩手県，長野県，岡山県，徳島県の各館）。

・町内会の婦人会などポスターの貼替，駐車場の設営，管理など
・58箇所ごとの名称と各代表者有。冬場の雪はね（雪かき）を善意で行ってくれている所がある
・自治会（分館）
・『移動図書館車応援隊ふじちゃんず』巡回先（幼稚園・保育所）での読み聞かせ活動

---

③　住民のボランティア

住民のボランティアについて，「回答票の記入の手引き」には次のように説明した。

> 「ステーションでの住民のボランティアの有無」：ステーションでの貸出や返却，排架などの作業を
> PTA や団地自治会，おはなし会サークル等，ボランティアさん（有償・無償を問わず）により
> 協力いただいている場合は，「有」とお書きください。全てのステーションではなく，一部のス
> テーションにてボランティアの協力がある場合も「有」としてください。

表 4-33　住民のボランティアの有無

No	選択肢	n（館）	％
1	有	10	2.6％
2	無	362	92.8％
	無回答等	18	4.6％

表 4-33 のとおり，多くの図書館では「無」という回答であった。

なお，回答票には，「有」の場合，組織の名称や活動内容について回答する自由記述欄を設定した。この自由記述を整理すると，以下のとおりであった。これをみると，子どもを対象としたボランティア活動が多い傾向を示している（「有」は，北海道 2，栃木県 2，東京都，神奈川県，山梨県，静岡県，広島県，大分県の各館）。

> ・移動図書館ボランティア：貸出・返却の補助
> ・「絵本の公園」本の読みきかせ
> ・コモア文庫　集会所での児童の貸出
> ・移動図書館ボランティア　移動図書館での貸出・返却業務のサポート
> ・学校図書館ボランティア　利用者カード出し，返却期限スリットの準備など
> ・読み聞かせサークルによる本の読み聞かせ
> ・地域ボランティア，PTA の方
> ・分館の図書部員（有償と無償）
> ・ブックンボランティア（返却補助，整理）

(14)　臨時巡回

定期的な巡回とは異なり，お祭りやイベントなどへの臨時巡回の有無（表 4-34-1）と，各年度（2020 年度，2021 年度，2022 年度）の具体的活動内容（巻末の資料編「2. 調査結果付録」掲載）について尋ねた。この設問については，コロナ禍における一斉休校等にともなう臨時巡回は除く旨を「回答票の記入の手引き」に明記した。

表 4-34-1　臨時巡回の有無（2020-2022 年度）

No	選択肢	n（館）	％	うち市立		うち町村立	
1	無	240	61.5％	150	53.2％	69	83.1％
2	有	129	33.1％	114	40.4％	12	14.5％
	無回答等	21	5.4％	18	6.4％	2	2.4％

2020 年度から 2022 年度にかけての臨時巡回の有無（表 4-34-1）については，「有」と回答した図書館が 129 館（33.1%）であり，市立が多い傾向にあった。この「有」と回答した図書館の各年度の傾向を詳しくみると，2020 年度の臨時回数はコロナ禍を背景にきわめて少なかったが，2022 年度になると臨時巡回の回数が多くなる傾向にあった。そこで，表 4-34-2 として，2022 年度の臨時巡回の回数を集計した。表 4-34-2 をみると，多くは「1 回」であるが，「6-8 回」の臨時巡回を実施している図書館が 12 館あることがわかる。なお，2022 年度に「0 回」の図書館は，2020 年度もしくは 2021 年度に臨時巡回の実績があった。

表 4-34-2　臨時巡回の回数（2022 年度）

No	回数	n（館）
1	0	11
2	1	57
3	2	19
4	3	12
5	4	7
6	5	5
7	6-8	12
8	9-15	6
9	16 以上	4
	無回答	7

臨時巡回が増加した 2022 年度における具体的なイベント名・活動内容（自由記述式）は，巻末の資料編「2. 調査結果付録」にまとめた（抜粋，記述内容を整理した）。

4.5　巡回先での活動

（1）　貸出冊数
①　貸出冊数の傾向（**2021 年度・2022 年度**）
2021 年度・2022 年度の貸出冊数は表 4-35 のとおりである。このうち 2021 年度をみていくと，15,000 冊以内の図書館が多く，全体の 54.3% を占めていた。本調査における平均の貸出冊数は 21,912 冊（2021 年度）であり，9 万冊以上の貸出実績のある図書館が 13 館あった。この 9 万冊以上の図書館では，2〜4 台の図書館車を保有する傾向にあった。

2022 年度の貸出冊数についてみても，2021 年度と同様の傾向を示しているが，コロナ後ということもあり，2021 年度と比較すると貸出冊数は比較的増加傾向を示している（平均貸出冊数：22,463 冊）。

表 4-35　貸出冊数（2021，2022 年度）

No	貸出冊数	n（館）2021 年度	%	n（館）2022 年度	%
1	0-5,000	82	21.0%	83	21.3%
2	5,001-10,000	71	18.2%	74	19.0%
3	10,001-15,000	59	15.1%	41	10.5%
4	15,001-20,000	29	7.4%	39	10.0%
5	20,001-25,000	31	7.9%	30	7.7%
6	25,001-30,000	24	6.2%	22	5.6%
7	30,001-35,000	13	3.3%	13	3.3%
8	35,001-40,000	11	2.8%	9	2.3%
9	40,001-45,000	5	1.3%	12	3.1%
10	45,001-50,000	6	1.5%	8	2.1%
11	50,001-55,000	8	2.1%	2	0.5%
12	55,001-60,000	8	2.1%	12	3.1%
13	60,001-65,000	5	1.3%	3	0.8%
14	65,001-70,000	2	0.5%	3	0.8%
15	70,001-75,000	4	1.0%	5	1.3%
16	75,001-80,000	0	0.0%	1	0.3%
17	80,001-85,000	1	0.3%	0	0.0%
18	85,001-90,000	0	0.0%	0	0.0%
19	90,001 以上	13	3.3%	12	3.1%
	無回答等	18	4.6%	21	5.4%

② 最多貸出冊数

表 4-36　最多貸出冊数

No	冊数	n（館）	%
1	0-50	28	7.2%
2	51-100	42	10.8%
3	101-150	40	10.3%
4	151-200	40	10.3%
5	201-250	32	8.2%
6	250-300	28	7.2%
7	301-350	17	4.4%
8	351-400	13	3.3%
9	401-450	13	3.3%
10	451-500	9	2.3%
11	501-550	3	0.8%
12	551-600	8	2.1%
13	601-650	6	1.5%
14	651-700	3	0.8%
15	701-750	5	1.3%
16	751-800	2	0.5%
17	801 以上	29	7.4%
	無回答等	72	18.5%

　続いて，各ステーションにおける最多貸出冊数と最少貸出冊数（2022 年度）であ

4. 移動図書館実態調査報告

る。「回答票の記入の手引き」には，次のように説明した。

1回の巡回あたり，各ステーションにおいて，最多の貸出冊数と最少の貸出冊数をお書きください。
　例：○○公園前（5月8日午後巡回）：貸出 268 冊（最多貸出冊数の例）
　　　○○団地集会所（12月21日午前巡回）：貸出 2 冊（最少貸出冊数の例）

　このうち，最多貸出冊数は表4-36のとおりである。これをみると，おおむね200
冊以内の傾向（1〜200冊で合計38.5％）を読み解くことができるが，他方で800冊
以上の図書館も多数存在していることがわかる。なお，最多貸出冊数の平均は440冊
であった。

③　最少貸出冊数

　一方で，最少貸出冊数は表4-37のとおりである。このうち，「0」が最も多く，「1」
については57館の回答があった。すなわち，「0」と「1」を合計すると，54.1％を占
めることがわかる。なお，最小貸出冊数の平均は29冊であった。

表4-37　最少貸出冊数

No	冊数	n（館）	％
1	0	154	39.5％
2	1−10	116	29.7％
3	11−20	15	3.8％
4	21−30	4	1.0％
5	31−40	5	1.3％
6	41−50	7	1.8％
7	51−60	4	1.0％
8	61−70	1	0.3％
9	71−80	5	1.3％
10	81 以上	18	4.6％
	無回答等	61	15.6％

(2)　積載資料の種類

　図書館車への積載資料のうち，回答数順に整理したものが表4-38である。これを
みると，総じて乳幼児や児童・生徒向けの資料，さらには高齢者向けの資料が積載さ
れていることがわかる。なお，「移動図書館巡回案内」や「移動図書館利用案内」が
比較的少ないことは（とりわけ町村立），移動図書館の利用者が固定化している傾向
を読み解くことができるのではないかといえる。

　なお，本設問の選択肢の検討の中で，「児童書」を入れなかったことは，今後の課
題である。

57

表 4-38　積載資料の種類

No	積載資料	n（館）	%	うち市立		うち町村立	
1	絵本	373	95.6%	274	97.2%	75	90.4%
2	一般図書	369	94.6%	271	96.1%	75	90.4%
3	文庫本	328	84.1%	247	87.6%	62	74.7%
4	紙芝居	270	69.2%	209	74.1%	48	57.8%
5	大活字本	223	57.2%	176	62.4%	36	43.4%
6	移動図書館巡回案内（配布用）	220	56.4%	112	39.7%	16	19.3%
7	図書館利用案内（配布用）	209	53.6%	170	60.3%	32	38.6%
8	雑誌	164	42.1%	121	42.9%	37	44.6%
9	移動図書館利用案内（配布用）	135	34.6%	112	39.7%	16	19.3%
10	マンガ・コミック	122	31.3%	84	29.8%	30	36.1%
11	図書館報（配布用）	114	29.2%	99	35.1%	11	13.3%
12	外国絵本	86	22.1%	60	21.3%	16	19.3%
13	ノートPC（閲覧・貸出用）	75	19.2%	55	19.5%	17	20.5%
14	外国図書（一般図書）	65	16.7%	47	16.7%	16	19.3%
15	大型絵本	59	15.1%	41	14.5%	12	14.5%
16	CD	36	9.2%	28	9.9%	7	8.4%
17	地域行政資料	27	6.9%	21	7.4%	5	6.0%
18	LLブック	26	6.7%	18	6.4%	6	7.2%
19	DVD, ブルーレイディスク	18	4.6%	12	4.3%	5	6.0%
20	地図	16	4.1%	11	3.9%	4	4.8%
20	参考図書, レファレンスブック	16	4.1%	8	2.8%	4	4.8%
22	オーディオブック	8	2.1%	7	2.5%	1	1.2%
23	点字資料・デイジー資料	6	1.5%	3	1.1%	1	1.2%
24	タブレット端末（閲覧・貸出用）	5	1.3%	3	1.1%	2	2.4%
25	新聞	1	0.3%	1	0.4%	0	0.0%
25	カセットテープ	1	0.3%	0	0.0%	1	1.2%
25	布の絵本	1	0.3%	1	0.4%	0	0.0%
	無回答等	9	2.3%	3	1.1%	5	6.0%

　上記のほか，「積載資料で特徴がありましたらお書きください」（自由記述式）については，以下のような回答があった（抜粋，記述内容を整理した）。

・高齢者施設の利用者・職員向け資料の用意
・新刊案内
・備え付けの書架への配架のほか，コンテナに資料を詰めて5〜6箱程度持参している。
・各種イベントは，モニターで周知
・児童図書（貸出可能な図鑑，児童文学等）
・巡回先が小学校のため基本児童書の貸出となっている。
・高齢者施設を巡回するので，大活字本の比率が大きい。
・市広報紙
・リクエストがあれば，個別に雑誌も持参
・巡回先は全て小学校なので，積載資料は90％近く児童向けの図書（児童書，絵本等）です。
・郷土資料，児童図書

・巡回するポイントごとに積載資料を積み替えるため，選択肢で選ばなかった資料（外国図書，マンガ・コミック，参考図書）等を積載することもあり。
・積載冊数が少ないため，幼保等子どもステーションと大人ステーションで本を大幅に積みかえている。
・こそだてえんむすびぶっく（年齢にあわせた5冊の本をオリジナルバッグに入れて貸出する）
・積載冊数が約500冊なので，定期的に本の入れ替えを行っています。
・ブックリスト
・雑誌リスト
・幼稚園・保育所の先生方向けに保育関連本を5冊程度積んでいます。
・調べ学習に対応できる図書も積載

(3) 積載資料の登録

　図書館車への積載資料について，移動図書館専用の資料なのかどうか，館内資料との区分の有無について尋ねた。その結果，表4-39のように，「原則的に移動図書館専用」としての図書館が最も多く（166館），次いで「館内資料・移動図書館用資料の区分は無し」の図書館となり（148館），登録状況については両者に分かれた。

表4-39　積載資料の登録

No	資料の登録方法	n（館）	％
1	原則的に移動図書館専用　（専用図書として登録）	166	42.6％
2	館内資料・移動図書館用資料の区分は無し	148	37.9％
3	移動図書館専用資料と，館内専用資料との混在	45	11.5％
4	その他	18	4.6％
	無回答等	13	3.3％

　「その他」（自由記述）の記述内容としては，以下の回答があった（抜粋，記述内容を整理した）。

・公民館配本用資料との混在
・1と2（表4-39のNo.1とNo.2）が混在
・雑誌，しかけ絵本等一部専用図書あり
・移動図書館積載後，館へ蔵書場所を変更
・中央館の資料を移動図書館用に所蔵を変える。
・所蔵先としての区分はあるが，いずれも専用図書としては扱っていない。所蔵先（館）の変更を行うことも多分にある。
・専用図書として受入を行うが決算は区分なし
・積載時に保管場所データを変更
・専用図書として購入するが，中央図書館の資料も積んでいる（予約資料は全館分から）
・共有資料を保管場所で区別
・BM専用資料はない。都度，データ上の場所変更を行う。
・県立図書館から借用

(4) 年間購入冊数・購入費

移動図書館用図書の年間購入冊数と図書購入費（いずれも 2022 年度）についての
質問を設定した。移動図書館用図書を区分していない図書館もあると推測できたた
め，「回答票の記入の手引き」には以下のように補筆した。

・「移動図書館用図書・年間購入図書冊数（2022 年度）」：移動図書館用の図書冊数を集計していな
い場合（区分していない場合）は，「不明」と記載してください。
・「移動図書館用図書・年間図書購入費（2022 年度）」：移動図書館用の図書費を集計・区分してい
ない場合は，「不明」とお書きください。

まず年間購入冊数は，以下の表 4-40 のとおりである。平均の購入冊数は 997.26 冊
であった。多くの図書館は「不明」であったが，表 4-40 をみていくと，1,000 冊以内
で約 35%を占めていることがわかる。

表 4-40　移動図書館用図書・年間購入冊数

No	冊数	n（館）	%
1	0-500	82	21.0%
2	501-1,000	54	13.8%
3	1,001-1,500	27	6.9%
4	1,501-2,000	15	3.8%
5	2,001-2,500	14	3.6%
6	2,501-3,000	4	1.0%
7	3,001-3,500	5	1.3%
8	3,501-4,000	1	0.3%
9	4,001 以上	5	1.3%
	不明・無回答等	183	46.9%

表 4-41　移動図書館用図書・年間購入費

No	購入費（万円）	n（館）	%	1979 年調査		
1	0-50	48	12.3%	50 万円未満	21	7.1%
2	51-100	35	9.0%	100 万円未満	28	9.5%
3	101-150	27	6.9%	200 万円未満	43	14.6%
4	151-200	25	6.4%			
5	201-250	10	2.6%	300 万円未満	27	9.2%
6	251-300	10	2.6%			
7	301-350	8	2.1%	400 万円未満	17	5.8%
8	351-400	8	2.1%			
9	401-450	2	0.5%	500 万円未満	19	6.4%
10	451-500	1	0.3%			
11	501 以上	10	2.6%	500 万円以上	19	6.4%
	不明・無回答等	206	52.8%	不明・区分せず	121	41.0%

次に，移動図書館用図書の年間購入費である。平均は172.68万円であった。表4-41をみると，表4-40と同様に多くの図書館は「不明」であったが，総じて200万円以内の図書館が多い傾向にあることがわかる。かつての「1979年調査」と比較すると（もちろん本の単価が異なるので単純な比較はできないが），本調査においては，購入費が比較的減少傾向にあることもわかる。

(5)　巡回先での図書館活動

巡回先ステーションにおける図書館活動について，回答数順にまとめると表4-42のとおりである（複数選択可）。表4-42をみると，「貸出」，「返却」，「予約・リクエストサービス」はほとんどの図書館で実施され，次いで「レファレンスサービス」，「読書案内」と続いている。

表4-42　巡回先での図書館活動

No	図書館活動	n（館）	%
1	貸出	381	97.7%
2	返却	371	95.1%
3	予約・リクエストサービス	338	86.7%
4	レファレンスサービス	162	41.5%
5	読書案内	119	30.5%
6	特集図書コーナーの設置	62	15.9%
7	お話し会・よみきかせ	52	13.3%
8	ブックトラック・書棚の設置	45	11.5%
9	図書館利用ガイダンス	34	8.7%
10	POP の展示	21	5.4%
11	閲覧用・机や椅子の設置	10	2.6%
12	OPAC 検索（端末の用意）	7	1.8%
13	茣蓙（ござ），シートを敷く	3	0.8%
14	読書会・講演会	2	0.5%
14	インターネット閲覧（端末の用意）	2	0.5%
16	映画会	1	0.3%
17	ワークショップ	0	0.0%
	無回答等	7	1.8%

このうち，回答が少数であった図書館活動（No.12〜16）を選択した図書館の都道府県は以下のとおりである。

・「OPAC 検索（端末の用意）」：北海道，千葉県 2，福岡県，宮崎県 2，鹿児島県
・「茣蓙（ござ），シートを敷く」：神奈川県，岡山県，島根県
・「読書会・講演会」：福島県，神奈川県
・「インターネット閲覧（端末の用意）」：千葉県，宮崎県
・「映画会」：埼玉県

表 4-42 の選択肢のほか，「巡回先での活動がありましたらお書きください」と自由記述欄を設定したところ，以下のような回答があった（抜粋，記述内容を整理した）。

- ・折りたたみコンテナ（最大約 40 冊/箱）を 10〜20 箱展開する。
- ・定期巡回と臨時巡回では異なる（回答は定期巡回の内容）。
- ・猫本コーナー常設，面出しによる展示
- ・井戸端会議（雑談・会話コミュニケーション）
- ・子ども向け事業によるスタンプラリーなど
- ・寄贈本の受付
- ・図書館グッズの販売
- ・図書館利用者カードの発行，再発行
- ・学校向け団体貸出資料の運搬
- ・小学校への巡回時，団体貸出資料の運搬を行う場合あり
- ・特別運行（イベントへの出張時）には，クイズや絵本の読み聞かせ等を実施
- ・レファレンスは持ち帰りの事が多い。当日か次の巡回で回答する。
- ・ブックスタートの絵本配布
- ・本の入ったコンテナをステーションごとに 5〜20 箱降ろして会場に広げ，利用者に見てもらう方法で実施しています。
- ・新入生向け，移動図書館車利用にかかるオリエンテーションの実施
- ・団体貸出図書の配達（図書コンテナ等）
- ・電子図書館体験会（タブレットを持参して体験して頂く）
- ・巡回コースの道中で，宅配サービス利用者へ貸出した本をお届け（返却も）する。
- ・返却日と貸出数を記入した栞をわたしている。

(6) 巡回先での貸出方法

表 4-43 は，巡回先での貸出方法について，回答数順に集計したものである（選択肢1つに○）。これによると，オフラインでの貸出（帰館後にサーバーにデータを流し込み）が最も多く，オフラインでの「PC 接続・バーコードリーダー」と「ハンディターミナル」をあわせると，あわせて約 70% を占めていることがわかる。他方で，オンライン方式による貸出は少なく，オンライン方式をすべてあわせても約 18% であった。

表 4-43　巡回先での貸出方法

No	貸出方法	n（館）	%
1	PC 接続・バーコードリーダー　（オフライン）	199	51.0%
2	ハンディターミナル　（オフライン）	72	18.5%
3	PC 接続・バーコードリーダー　（オンライン）	62	15.9%
4	併用（複数の選択肢を選択）	26	6.7%
5	ブラウン式	7	1.8%
6	PC 接続・IC チップ　（オンライン）	6	1.5%
7	PC 接続・IC チップ　（オフライン）	4	1.0%
8	その他	3	0.8%
9	ハンディターミナル　（オンライン）	1	0.3%
	無回答等	10	2.6%

なお，「併用（複数の選択肢を選択）」（No.4）とは，複数の選択肢に回答した館を集計した値であり，「PC 接続・バーコードリーダー（オフライン）」と「ハンディターミナル（オフライン）」の両方を選択した 19 館が最も多かった。

こうした貸出方法について，「1979 年調査」では「ブラウン式」が最も多く（29.2％），次いで「不明」（27.5％），「変形逆ブラウン式」（24.5％）と続いていた。

4.6　コロナ禍の移動図書館

(1)　コロナ禍の巡回

コロナ禍における移動図書館の巡回について質問を設定した。2020 年度，2021 年度，2022 年度の 3 年間にわたる巡回について集計したものが表 4-44 である（複数選択可）。

表 4-44　コロナ禍の巡回（館）

No	巡回内容	2020	2021	2022
1	巡回中止の期間があった	294	200	37
2	図書館は閉館であっても移動図書館は巡回した期間があった	46	26	2
3	臨時巡回を実施した	15	9	2
4	巡回中止せずに継続した	58	146	319
5	その他	9	18	15
	無回答等	13	12	22

これによると，2020 年度は「巡回中止の期間があった」と回答した図書館が多数を占めていたが，しだいに 2022 年度にむけて巡回中止にすることなく移動図書館の巡回が再開されていく様子がわかる（「巡回中止せずに継続した」の増加）。また，2020 年度のコロナ禍において，「図書館は閉館であっても移動図書館は巡回した期間があった」と回答した図書館が 46 館存在した。回答した図書館を都道府県別にみていくと，以下のとおりであった。

北海道 6，岩手県 8，山形県，福島県，栃木県，埼玉県，千葉県 3，新潟県，長野県，滋賀県 3，和歌山県，大阪府，愛知県，兵庫県 2，岡山県，山口県 3，高知県 2，愛媛県，福岡県 2，佐賀県，長崎県，宮崎県 2，鹿児島県 2

各年度におけるコロナ禍の「臨時巡回，巡回上の特徴」を自由記述式に回答いただいた。その内容は，本報告書巻末の資料編「2. 調査結果付録」にまとめた（抜粋，記述内容を整理した）。

(2)　地方創生臨時交付金について

「新型コロナウイルス感染症対応地方創生臨時交付金」による図書館車の導入等に

ついて尋ねた（複数選択可）。表 4-45 によると，「該当なし」が最も多かったが，「図書館車の新規購入」や「図書館車の更新」が合計 11 館，「移動図書館用資料の充実」が 16 館であった。

表 4-45　地方創生臨時交付金について

No	交付金の活用	n（館）	％
1	図書館車の新規購入	5	1.3%
2	図書館車の更新	6	1.5%
3	図書館車の装備の充実・改造	0	0.0%
4	移動図書館用資料の充実	16	4.1%
5	該当なし	331	84.9%
6	その他	7	1.8%
	無回答等	29	7.4%

選択肢ごとに回答した図書館の都道府県は以下のとおりである。

・「図書館車の新規購入」（年度）：千葉県（2021），山梨県（2023），和歌山県（2021），大分県（2022），宮崎県（2021）
・「図書館車の更新」：北海道，山梨県，山口県，香川県，大分県，熊本県

また，「その他」の自由記述による回答として，以下の内容があった（一部を抜粋）。

・充電式ファン（サーキュレータ）一式を購入（石川県）
・消毒用品の搭載（長野県）
・ICT 関係（大阪府）
・消毒液の購入（埼玉県）

4.7　移動図書館活動の取り組み

本調査では最後に，移動図書館の目的や課題，今後の展望に関して質問した。

(1)　移動図書館の主要な目的

「貴館における移動図書館の主要な目的」として複数選択可で回答いただいた。表 4-46 のとおり，上位順に回答を整理すると，移動図書館は，アウトリーチ，エクステンション，プロモーションとしての目的が交わりあっていることがうかがえる。すなわち，建物の代替としての移動図書館ではなく，地域内における図書館システムの一つとして移動図書館が位置づけられる傾向にあることがわかる。このことは「未設置」においても同様の傾向にあることがわかる。

表 4-46　移動図書館の目的

No	目的	n（館）	%	うち未設置	
1	遠隔地へのサービス	332	85.1%	18	78.3%
2	読書の推進	278	71.3%	18	78.3%
3	高齢者・福祉施設等へのアウトリーチサービス	204	52.3%	11	47.8%
4	図書館のPR・図書館利用の促進	202	51.8%	12	52.2%
5	管内への全域サービス・図書館網構築	166	42.6%	5	21.7%
6	学習権・知る権利・情報アクセスの保障	92	23.6%	9	39.1%
7	図書館（建物）の代替	83	21.3%	6	26.1%
8	住民の居場所づくり・見守り	26	6.7%	5	21.7%
9	その他	10	2.6%	1	4.3%
10	図書館設置の機運の醸成	4	1.0%	1	4.3%
	無回答等	10	2.6%	2	8.7%

　なお，「その他」の自由記述として，以下のような回答があった。これによると，学校支援や子どもの読書活動推進を目的とする記述が多い傾向にある。

> ・子育て世代へのサービス
> ・学校支援
> ・学校への読書支援
> ・学校図書館支援，障害児通所施設へのアウトリーチ
> ・子ども読書活動推進
> ・子どもの読書環境の整備
> ・小中学校への貸出
> ・コロナ禍においてなかなか図書室にこれないという声を基に実施

(2)　移動図書館への評価

　続いて「貴館における移動図書館の評価」に関する設問である（複数選択可）。移動図書館を担う図書館において，いかに移動図書館が評価されているのかを尋ねた（表 4-47）。

表 4-47　移動図書館への評価

No	評価	n（館）	%	うち未設置	
1	地域社会に必要不可欠な活動である	240	61.5%	10	43.5%
2	現状のまま継続する	188	48.2%	8	34.8%
3	改善の余地がある	123	31.5%	11	47.8%
4	可能性を秘めている	87	22.3%	8	34.8%
5	台数の増，ステーション数を増加したい	36	9.2%	5	21.7%
6	その他	7	1.8%	0	0.0%
7	将来的に廃止する方向性・予定	6	1.5%	1	4.3%
8	図書館運営にとって重荷である	5	1.3%	0	0.0%
9	台数の減，ステーション数を減少したい	4	1.0%	0	0.0%
10	時代遅れの活動である	0	0.0%	0	0.0%
	無回答等	13	3.3%	1	4.3%

表 4-47 のとおり，上位順に回答を集計すると，否定的に移動図書館を評価している図書館は少なく，「地域社会に必要不可欠な活動である」が最も回答数が多く（240館），加えて「改善の余地がある」（123 館）や「可能性を秘めている」（87 館）という回答の傾向から，多くの図書館では移動図書館を肯定的に評価する傾向にあった。他方で，「現状のまま継続する」（188 館）という図書館も比較的多い傾向にあった。

「その他」の自由記述式の回答として，以下の内容があった。

```
・小型化し台数を増やす予定          ・状況をみながら検討
・2022 年より廃止                 ・財源の確保
・車両の小型化                    ・2022 年度末で廃止
・高齢地区
```

(3) 移動図書館運営の課題

他方，移動図書館の課題について，回答数順に整理したものが表 4-48 である（複数選択可）。これをみていくと，「図書館車の管理・メンテナンス・故障」，「運転手の確保・育成」，「移動図書館担当者の確保・育成」という図書館車の運行に関する内容をはじめ，「利用者数の減少・利用者の固定化」，「巡回ルート・巡回先の見直し・再検討」，「ステーション新設・増設の調整」という利用者数や利用者層に関する課題などを抱えている図書館が多い傾向にあることがわかる。

表 4-48　移動図書館運営の課題

No	課題	n（館）	％	うち未設置	
1	図書館車の管理・メンテナンス・故障	204	52.3％	11	47.8％
2	利用者数の減少・利用者の固定化	192	49.2％	13	56.5％
3	巡回ルート・巡回先の見直し・再検討	174	44.6％	11	47.8％
4	運転手の確保・育成	149	38.2％	7	30.4％
5	移動図書館担当者の確保・育成	108	27.7％	5	21.7％
6	ステーション新設・増設の調整	95	24.4％	8	34.8％
7	図書費の確保・削減，新刊書の確保	86	22.1％	5	21.7％
8	移動図書館費の確保・削減	75	19.2％	3	13.0％
9	図書館車更新のノウハウ	73	18.7％	5	21.7％
	無回答等	19	4.9％	3	13.0％

表 4-48 の選択肢のほか，「移動図書館の課題がありましたら自由にお書きください」と自由記述式の回答欄を設定したところ，以下のような内容があった（抜粋，記述内容を分類・整理した）。

```
・出発から帰館までの安全な運行
・利用者の激減
・利用者数を増やす。周知してもらう。
・利用者の広がり（増やすこと）
```

・新たな利用者やステーションの確保
・2022 年度，民間企業から小型の移動図書館車をご寄附いただいた。これを受けて既策定・施行中の「第二次移動図書館管理運営事業計画」及び「配本車活用方針」に沿って事業拡大を行う予定であり，地域情勢に沿った改善の検討・実施が課題である。
・進入が困難な小学校へのサービス拡充について調整中
・利用者数増加に伴う業務量増
・BM 書架・設備の老朽化
・夏の暑さ対策
・移動図書館資料保管書架の不足
・移動図書館用車両の台数・車体規模の検討が必要。（新図書館移転をふまえたサービスの見直し）
・図書館車の買い替え
・移動図書館車の更新
・移動図書館車の購入を相談しているがなかなか通らない。
・移動図書館車の導入（現在は社用車を兼用しているため）
・図書館専用の公用車の要望を出しているが通らない。諸事情で，夜に運行しているが，昼に行いたい。学校にも巡回したい。
・担当者の業務負担増のため
・現行の移動図書館車の運行は本年度までで，来年度からは軽四を主体とした運行になる。これは免許制度の変遷などによって運転手の確保が困難となってきたためである。
・2023 年 3 月末で廃止決定（バスの廃車により）

(4)　移動図書館の可能性・展望

表 4-49　移動図書館の可能性・展望

No	可能性・展望	n（館）	%	うち未設置	
1	高齢者・福祉施設・社会的弱者への巡回	238	61.0%	15	65.2%
2	保育園・幼稚園・小中学校への巡回強化	195	50.0%	17	73.9%
3	山間地等の遠隔地へのサービスの充実	142	36.4%	10	43.5%
4	イベントやお祭りなどへの臨時巡回	140	35.9%	7	30.4%
5	巡回先での図書館サービスの充実・拡充	127	32.6%	9	39.1%
6	積載資料の充実・排架方法の工夫	124	31.8%	9	39.1%
7	図書館車への装備・機能の充実	68	17.4%	9	39.1%
8	住民の居場所づくり	50	12.8%	5	21.7%
9	商業施設・駅・バスターミナル等への巡回	45	11.5%	3	13.0%
10	住民（高齢者等）の見守り	42	10.8%	5	21.7%
11	保健所等の行政機関・部署との連携	28	7.2%	5	21.7%
12	電気自動車への転換	22	5.6%	1	4.3%
13	民間の移動販売車等との連携	18	4.6%	1	4.3%
14	災害・被災地支援・そのための装備	16	4.1%	2	8.7%
15	電子資料と閲覧端末・通信環境の整備	16	4.1%	3	13.0%
16	利用者の組織化，地域団体への接近	14	3.6%	3	13.0%
17	外国籍住民への巡回・支援	6	1.5%	1	4.3%
18	路線バスやタクシー等との連携	6	1.5%	0	0.0%
19	自動運転による運行	5	1.3%	0	0.0%
20	AI による巡回ルート設定	4	1.0%	0	0.0%
	無回答等	26	6.7%	0	0.0%

最後に「これからの移動図書館の可能性・展望」についての質問である（複数選択可）。回答数順に整理した表4-49をみていくと，移動図書館によるこれからの巡回先（ステーション）にかかわる可能性や展望が多く，とりわけ高齢者施設や福祉施設，保育園や学校などへの巡回をあげている図書館が多い傾向にあることがわかる。

　回答票の最後に，「★移動図書館の可能性や，これからの移動図書館へのお考え・具体的に実践してみたいことなどをご自由にお書きください」という自由記述欄を設定した。回答票の紙数の関係で，回答欄のスペースは小さかったが，以下のような多数の回答をいただいた（回答を抜粋・分類した。なお，自治体名がわかる回答もあるが，記述内容をそのまま整理した）。

・図書館未設置自治体を対象に巡回する中で，小規模校や特別支援学校では特に歓迎されている実感がある。資料提供以外の面でも活動を拡充できれば，新しいニーズも生まれるかもしれない。
・図書館未設置町村への重点化を検討したい。
・図書館がない地域や図書館に来る手段がない人に対する図書館サービスとしてのBMの意義を重要としつつ，図書館になじみのない市民に対して，図書館の存在をアピールして，新たな利用者を開拓する役割を担えたらと思う。
・移動図書館のポイントと合せて，貸出，返却ポイントの見直しを検討していく。
・車両の小型化を予定。イベント等への臨時巡回を想定
・東日本大震災の影響で一気に市内の高齢化が進んだことから，高齢者・交通弱者へのサービスは行政全体での課題となっている。移動図書館としては，他部署と連携して課題解決に向けたサービスを実施するなど，十分に伸びしろを感じている。
・来訪を知らせる音楽を流したい。
　また，子どもへのサービスの点では，巡回している保育現場からの評価・要望は大変大きく，保育行政と連携をとりながら質の向上を図っていきたいと考えている。
・利用者のほとんどが高齢者であり，今後もデイサービス，介護施設への移動図書館サービスを継続して行っていくが，中高年，若年層，学生の利用を増やしていくために工夫が必要だと思います。（移動図書館を使ったイベントの企画など）
・小型の車をもう1台用意して，大型車では巡回できない所や市内の病院等にも巡回を検討したい。
・移動図書館車の老朽化による買い替えの検討やステーションの見直しなど目下検討必須の課題が多くある。
・巡回先の見直し，再検討が必要だと考えております。
・移動図書館車の更新
・現在，図書館を訪れることができている人が，年齢を重ね足が遠のく時，移動図書館の利用を考えてほしい。
・ステーションの新設・増設，イベントへの参加等，積極的に行うことにより，利用者を増やし読書推進へとつなげていきたいが，運転手が1人のため，現状のステーション巡回で，精一杯である。
・当面の間，現状を維持する。

- 当館の移動図書館車の役割として，ステーションでの貸出以外に配本の配送・回収が大きなウエイトを占めております。巡回貸出先の拡充は現在のところ考えておりませんが，配送・回収車としての役割の拡充は想定しています。
- イベント等への臨時出動（クラフト展への出動など）
- 本市は市内公立図書館（室）数が少なく，市域海側に偏っている。そのため，市民の読書環境の整備のためにも内陸部，遠隔地への巡回は不可欠であると考えております。
- 利用者が WEB で予約をかけ，移動図書館で受取るという利用が増えてきている。予約本のみの貸出も多く，もっと積載資料の貸出が増えるよう，工夫が必要と感じる。
- 同じ停留所でも利用者数の増減がある。調整は難しいが，新規巡回希望施設がある場合はできるだけ対応したい。
- 高齢化が進む地方ですので，本館まで来ることができない高齢者へのサービス充実が必要不可欠となるかと思います。
- 2022 年度末で運行終了。車体の活用について検討中です。
- 不定期な宅配や配送への対応
- 2 台体制での実施。1 台は維持できなくなり，発展途上国へ譲渡した。
- 野外レクリエーションでの図書利用。例えば，自然観察会で目にした動植物をその場で図鑑を使って調べることができるようなイベント，あるいはサービス。
- 移動図書館車・側面を利用したプロジェクション・マッピング
- EV 車での運行を検討しているが，限られているため現状では難しい，そういった情報がほしい。
- ぽのぽの号が来るのを子どもたちは楽しみに待っていると先生方からよく言われます。自分で選書して借りる体験も楽しそうです。今後も継続していけたらと思っています。
- 来館が困難な方へ宅配サービスとして移動図書館の巡回途中に図書館の来館が困難な方への宅配サービスの実施
- 移動図書館車を新設し，現在のコンテナから出して並べたり片付けたりする手間を短縮し，職員の負担を減らすことと，それによって，巡回先を増やすことが目標です。

5. 調査のまとめ

　本調査の結果が，図書館員をはじめとする読者の皆様にとって，現在の移動図書館の可能性や課題を考える材料となり，移動図書館に対する議論の広がりと深まりに少しでも貢献することができればと考えている。同時に，移動図書館の「現場」を担う図書館員の皆様にとって，自館の移動図書館が全国の移動図書館のなかで，いかに位置づけられるのかを考え，具体的な活動事例をともに読み解く契機に少しでもつながることを願っている。その意味において本報告書の「調査のまとめ」は，読者に委ねていきたいという思いが強いが，本調査の結果以外に，この「調査のまとめ」において先行研究や資料等を紹介することによって，読者が移動図書館を考える材料の厚みを少しでも増やしていきたいと考える。そこで本章では，前章の内容と一部重複する記述内容があるものの，先の調査結果の各項目に基づきながら，検討していきたい[1]。

　なお，本調査は，先述のとおり，まずは現在の移動図書館の実態を網羅的に明らかにしていくことを目指したため，本報告書の本文中にも複数記したが，設問項目や集計方法などに不十分な点があったことは否めない。加えて，全国すべての移動図書館の活動が本調査に反映されていないため（回収率 74％），本調査の方法や内容をさらに精査したうえで，今後も移動図書館実態調査が持続的に実施されていくことが課題であると，ここに特記しておきたい。

5.1　図書館車について

　まず図書館車についての項目である。図書館車の製作は，移動図書館の運営にも密接にかかわるといえよう。そこで本節では，調査項目ごとに詳しく検討していきたい。

(1)　車体種別

　本調査から明らかになったことは，まず図書館車が「マイクロバス」から「トラック」へと移行している点である。ただし，北海道では「マイクロバス」や「バス」が多い傾向にあった。とりわけ開架式書架や放送設備を装備した特種用途自動車としての図書館車については，㈱林田製作所[2]刊行の『図書館車の窓』（年3回刊行）の「新しい図書館車」に毎号3館の新しい移動図書館が誌面に紹介されている。車体に描かれたラッピングや色彩も含めて大いに参考になる。かつては『図書館車の窓』において，バスやトラックシャーシなど車体製作の概要がわかりやすく紹介された記事[3]をはじめ，日本図書館協会による図書館車の標準案の策定の動き[4]，さらには大阪府の『移動図書館の手引き』[5]や沖縄県の『移動図書館導入の手引き』[6]など，図書館車の購入（契約）方法や仕様書の策定方法，移動図書館の運営方法を導く資料が多数存在し

た。図書館車の仕様書は，単に自動車の技術的な設計のみならず，各図書館がいかなる移動図書館活動を展開するのかという目的や意志を具体的に表現したものであろう[7]。今後は，安全に配慮された図書館車の設計・製作や，図書館が持続的に安定運用できるための移動図書館のガイドライン策定が急務であると考える[8]。

　また本調査から「1979 年調査」と比較すると，軽自動車による移動図書館の導入が進んでいることがわかる。近年では，本報告書の口絵写真で紹介した福島県白河市[9]や滋賀県近江八幡市などの事例のほか，㈱図書館流通センターが 2022 年度から「LiBOON」（リブーン）の販売を開始し[10]，埼玉県久喜市や高知県四万十町[11]などで導入が進んでいる。小回りが利く運転のしやすさ，きめ細かい巡回，駐車スペースの確保，安価であることなどの長所がある一方で，限られた積載冊数（約 400 冊前後）と荷物収納の制約，自動車を支えるシャーシの耐久性，車外書架に限定された装備，2 人に限定された定員などの短所もあろう。もちろんかつては，1,000 冊未満の図書館車の車種として，トヨタ・クイックデリバリ，スバル・サンバー，ニッサン・ホーミーなどの事例もあった[12]。まずは各図書館が移動図書館によっていかなる活動を展開するのかが重要であり，移動図書館の目的や想定する活動内容を踏まえて，軽自動車導入の有効性を検討していくことになろう。

　なお，本報告書にも記したが，車体種別のうち「ライトバン」を選択した図書館においては，団体貸出用の本を収納したコンテナを運搬する配本車である可能性もみられたが，この台数は『日本の図書館』にも「自動車図書館」としてカウントされていたことがわかった。他方で，例えば，長崎県平戸市立図書館における「モーのすけ号」[13]は軽自動車で開架式書架は装備されていないが，コンテナにて本を運び（約 350 冊），市内各所へ巡回して，貸出，返却，予約図書の受け取りなど，地理的な特徴を背景に精力的な活動を展開している。しかし，「モーのすけ号」は，調査対象の『日本の図書館』に「自動車図書館」としてカウントされていなかった。このことから，「移動図書館」や「図書館車」という用語の定義や範囲が十分に定まっていないといえよう。各地で豊かな活動を拓いていくためにも，移動図書館の活動内容を精査して用語の定義や範囲を示していくことは，今後の課題として残されたといえる。

(2)　積載冊数

　図書館車への積載冊数をみていくと，全体的な傾向としておおむね 1,000 冊から 3,000 冊規模であることがわかる。このうち市立図書館の場合は積載冊数が比較的多く（2,000 冊から 3,000 冊の範囲内），町村立図書館になるとやや小規模ないし中規模の 500 冊から 2,000 冊以内となる傾向にあった。もちろん車内書架・車外書架の装備内容によっても異なるが，一般的にトラックシャーシによる図書館車の規模の場合，おおむね 1,000～1,800 冊前後が 1.5～2 トン車，1,800～3,000 冊前後が 3 トン車，3,000～3,500 冊前後が 3.5 トン車，3,500～4,000 冊前後が 4 トン車となる傾向になろう。か

つての「1979年調査」などと比較すると，近年の図書館車は積載冊数が増加していることがわかった。積載冊数を増やすと中型や大型の図書館車となり，車内書架や車外書架の装備が可能になると同時に，利用者が選択できる図書が増え，ブックトラックや机・椅子などの積載も可能になることを意味する。他方で，大きな図書館車の場合，運転手の確保や図書館車の取り回し，巡回先での駐車位置などが課題になろう。近年は，1,000冊前後の積載の自動車で，普通免許で運転できる図書館車もあることから，積載冊数や図書館車の大きさについては，先述のとおり，各図書館が移動図書館によっていかなる活動を展開するのかに左右されよう。

　児童書の積載冊数・割合については，一般書よりも積載割合が高い傾向にあり，「1979年調査」と比較しても児童書の積載率が増加傾向にあることがわかった。児童書の積載率が高い移動図書館は，幼稚園や保育園，学校等を中心にターゲットを限定して巡回していると推測でき[14]，子どもの読書活動推進のひとつとして位置づけられている[15]。

(3) 愛称・呼称

　本報告書巻末の資料編「2. 調査結果付録」の移動図書館愛称一覧をみていくと，各図書館の個性が豊かに表現されていることがうかがえる。先述したとおり，比較的多い愛称である「ひまわり」，「あおぞら」，「やまびこ」などの傾向から，自然の中を走り抜けていく図書館車のイメージが伝わる。こうした愛称を公募によって選定していく事例もあり，図書館が地域に浸透して身近な存在であり続けること，図書館が多くの住民から親しみのある存在になること，住民を巻き込んで移動図書館を開始していくこと，などを意図しているといえよう[16]。

　かつて1950年代の都道府県立図書館による移動図書館の愛称をみていくと，各地の歴史や文化を背景に，図書館や読書から連想される言葉や，文化や知識が村々に運ばれていくシンボルとしての言葉が多かった。本調査から，移動図書館の愛称は，現在においても地域独自の思いが表現されていることがわかる。移動図書館は，本を運ぶだけではなく，こうした図書館の思いとメッセージ性も運び，親しみを伴いながら地域文化や生活の一部に溶け込んでいよう。

　さらに近年は，こうした愛称とともに，図書館車に自治体のキャラクターや愛称などが大きくカラフルに描かれる傾向にある。市内在住の作家によるデザインや，学生らによるデザイン[17]などによる図書館車もあり，車体デザイン（ラッピング）のメッセージ性についても注目される。

(4) 車内・車外書架の装備

　図書館車の書架をみていくと，車内と車外の両方に装備される図書館車が最も多かった。他方で，「車内書架・有，車外書架・無」の図書館車は，主に「バス」や

「マイクロバス」を改造したものが中心になると推測できる。

　なお，本調査には含めることができなかったが，図書館車に装備された書架への排架方法については，利用者層や利用状況を背景とした各館の工夫によるところが大きい。車内書架の場合，子どもたちがアクセスしやすいように，上段には一般図書を，下段には児童書や絵本を排架している事例のほか，外書架には一般書を，内書架には児童書を排架している事例がある。子どもたちにとっては，図書館車の中に乗り込み，本を選びたいという思いが強いであろう。このほかに，外書架の下段に文庫本を，その上段には現代小説を排架している事例などがある。また車内・車外に限らず，絵本や雑誌，大型本の表紙を面だしして展示・排架している事例のほか，新着図書や特集図書の展示，学習マンガの特設，購入年を背ラベルの色によって案内している事例など，限られた書架スペースではあるが，各地で工夫した棚づくりをみることができる。

(5)　図書館車の特色装備

　図書館車の装備の特色については，回答票のスペースの関係から，厳選して設問を検討することになった。集計の結果，「放送設備（スピーカー・マイク）」の割合が，当初の想定よりやや少ない傾向を示した。また，LTEなどのオンライン環境を有する図書館車が19台，さらにWi-Fiの環境を有する図書館車が27台存在することがわかった。今後は，貸出等のオンライン化のみならず，蔵書検索や資料の予約，さらには電子資料の閲覧等のため，これらのオンライン環境の装備が進められていくと推測できる。加えて，自由記述にて「エンジンを切っても冷房可能」とあったように，近年の猛暑に対する装備・対策も求められていくのではないかと考える。

　ただし，図書館車の装備において留意すべき点は，持続的・安定的な運用のための図書館車の維持とメンテナンスである。故障や劣化してしまった機器類は交換や入れ替えができるような配慮が求められよう。

5.2　運営方法

　続いて，運営方法として集計した「(1)　移動図書館の運営」，「(2)　運転手」，「(3)　同行人数」の各項目をまとめて検討していきたい。まず，「(1)　移動図書館の運営」であるが，総じて直営による移動図書館が多数を占め，とりわけ町村立図書館においては約76％を占めていることがわかった。市立図書館においては，「全て委託（指定管理者含む）」の割合がやや高い値を示していた。運転手については，「図書館員（正規・非正規含む）」が最も多かったものの，「委託」の割合も高く，先述の「(1)　移動図書館の運営」の回答内容との精査も必要であろう。

　かつての「1979年調査」をみていくと，運転手の「委託」はわずかな数値であり，多数が「専任」，「一般職」といった自治体の職員が担っていたことから，本調査から

移動図書館の外部化が進んでいることがうかがえる。1950 年代に移動図書館が拡大した当時，図書館員自らが図書館車を運転し，図書館員が免許を取得すべきであるという言及が目立っていた[18]。1960 年代後半においても，「全館職員の中から，乗員としての適性の者に運転免許をとらせ，司書兼運転技師としての体制をもつことが理想的」[19]としていた。かつて，ある自治体では，司書の採用試験において，実車である図書館車を用いた試験も行われていたと聞いたことがある。

移動図書館の委託については，1983 年に大阪府茨木市立と吹田市立の図書館員が長短を指摘している（ここでは運転の委託）[20]。これによると，長所として，①代替の運転手が必ず派遣されること，②車両の専門的な管理・維持を担えること，短所として，①運転手が職員会議に参加できないため，図書館サービスの方針を共有できないこと，②運転業務以外に，ステーションにて返却処理や排架などを担っていることなどをあげている。とりわけ近年は各地の図書館において，大型車を操ることができる運転手の確保に苦労しているとの声を聞く。まずは事故のない安全な運行[21]，そして図書館車のメンテナンス・維持も含め，持続的に安定した運営のための体制が優先して求められるとともに，図書館内で移動図書館が図書館活動のひとつとして位置づけられていくことも重要であろう。

「(3) 同行人数」については，過去においても本調査においても 2 人が多数を占めた。これは一般的には，運転手と図書館員を指すといえよう。同行人数の多い図書館の事例として，例えば定員 6 人の図書館車を 2 台保有している神奈川県横浜市をみていくと，1 巡回あたりの同行人数が平均 4.5 人であり，貸出冊数も 12 万冊を超えている（2022 年度）ことから，多くの利用がうかがえる[22]。

他方で，同行人数が 1 人という図書館は 12.1%（53 館）であった。これは運転手のみの値であり，仮に運転手が司書資格を有することなく（館内で図書館員としての業務を担っておらず），単純に運転が中心の業務である場合，いわゆる移動「図書館」としての活動が巡回先にて展開できるのかどうか疑問が残る。

5.3　巡回方法

移動図書館の巡回方法については，多くの項目を設定した（(1)から(14)までの各項目）。項目数が多く，個々の内容を検討する紙数が限られているので，本節では，本調査の結果からいくつかの視点に絞って検討していきたい。

(1)　巡回方法の傾向

第一に，現在巡回している移動図書館の平均的な傾向である。もちろん図書館や地域の事情によって差はあるが，各質問項目における平均値や最も高い割合等を整理すると，以下のとおりであった。

① 年間出動日数（1台平均）：127.6日

② 年間走行距離（1台平均）：5,141km

③ 1巡回あたりのステーション数（1館平均）：3.89

④ 合計ステーション数（1館平均）：31

⑤ 土日巡回無し：75.4%

⑥ 巡回周期：月に1回（38.7%），もしくは2週間に1回（41.0%）

⑦ 標準的な停車時間（1館平均）：35.9分

⑧ 標準的な停車時間：16-30分（53.3%）

⑨ 小学校，幼稚園・保育園，高齢者施設，公民館・社会教育館への巡回がそれぞれ50%以上

⑩ Webページ（75.6%）や自治体の広報紙（62.3%）で広報を展開

(2) 定期的巡回の位置と意義

　第二に，移動図書館による定期的な巡回を意味するものは何かという点である。出動日数や巡回周期，巡回先などについての全体的傾向はすでに前章で述べたとおりであるが，もちろんこれらは各館の人員体制や巡回先の事情，貸出期間，建物の図書館の位置，そして何よりも市町村の地形や面積などにも大きく左右されよう。重要なことは，移動図書館が，地域内における図書館ネットワークの「水道の蛇口」[23]として位置づけられているのかどうか，という点である。現在の巡回先，巡回周期，出動日数，土日の巡回などは，これまで積み重ねられた移動図書館の実践や，個々の地域の歴史や文化，人口構成，生活導線等の特徴を背景に，各館独自に形成された巡回方法といえるのではないか。すなわち，現在の巡回先や巡回ルートには，こうした地域の事情をもとに検討を重ね形成されてきた歴史的な理由や背景を忘れてはならない。

　東日本大震災の復興支援で移動図書館を展開した鎌倉幸子は，「移動図書館は利用者との『約束』」であり，約束を守り続けることで安心感や信頼感が生まれていくと指摘する[24]。また，福島県富岡町の移動図書館も「ふるさとを届ける」[25]として，町内外の復興公営住宅で暮らす住民が集いおしゃべりできる場所をつくっている。かつて，夜の9時まで夜間巡回を実施していた福井県永平寺町の移動図書館では，大型バスの後部に閲覧室を設置し，夕飯を済ませた親子や，風呂上がりの親子の利用が多かったという[26]。定期的な巡回と巡回先の設定は，地域に暮らし地域で生きる一人ひとりの住民と密接であることがわかる。

　吉田右子らは，フィンランドやスウェーデンの移動図書館（船も含む）の紹介の中で，「すべての住民に平等に情報と文化を提供すること」，すなわち，情報や文化への平等なアクセスを保障することを説いている[27]。単に眼前の利用者数や貸出冊数という数値で移動図書館を評価するのではなく，図書館ネットワークの「水道の蛇口」としての位置づけを改めて確認したうえで，移動する「図書館」としての評価を検討し

ていくことが求められよう。

　なお，移動図書館の巡回先は，公開されている巡回表にすべて掲載されていない場合が多く（例えば，幼稚園や学校，病院，矯正施設等），図書館 Web ページなどからすべての巡回先を外部から把握することは難しい。自由回答も含め巡回先には，少数ではあるが，特別支援学校，児童相談所，児童養護施設，矯正施設等があげられていた。今後は，日本語学校や夜間中学校を含め，移動図書館がアウトリーチとして果たす役割も一層求められていくのではないか。

（3）　地域住民の参画へ

　第三に，移動図書館における地域住民の参画をいかに進めていくのか，という点である。本調査では，戦後初期，千葉県立中央図書館の「ひかり号」からはじまったとされる各ステーションの受入担当者（ステーションマスター；駐車場主任）や利用者組織（移動図書館友の会）のほか，ボランティアについての設問を設定したが，総じて低い値を示した。これらのことから，ステーションの運営は，基本的には図書館が担っていることがわかる。

　かつて前川恒雄は，1965 年に日野市で「ひまわり号」の巡回を開始する際に，これまで巡回していた東京都立図書館による移動図書館を止めるとともに，市民の自由意思で移動図書館（「ひまわり号」）を利用できるよう，自治会や団体役員による駐車場主任の制度を廃止したことは知られている[28]。他方で，例えば，住民の請願運動によって移動図書館から図書館を開館（1973 年 12 月）した埼玉県和光市では，各ステーションにて貸出・返却等の協力を得るため，ステーション近隣に居住する「世話人」を巡回当初から配置し，教育委員会が委嘱した記録が残されている[29]。

　図書館の都合によって利用者を組織化するのではなく，地域で生活する一人ひとりの住民が移動図書館を利用しやすい環境を図書館がいかにつくるのか，同時に，住民の移動図書館の「利用」にとどまらず，巡回先の利用者や施設・団体の担当者などとの相互の関係性を構築しながら，多くの人々が移動図書館の運営に参加し，移動図書館をいかにしてともに育んでいくのか，という視点も重要であろう。今後，移動図書館の巡回方法や活動内容などの可能性をともに考え，移動図書館に住民が参画できる環境づくりも求められていくのではないかと考える。

（4）　巡回時の音楽の意図

　第四に，移動図書館巡回時の音楽が流れる意味とは何か，という点である。本調査から，巡回時に音楽を流すかどうかについては，「はい」と「いいえ」に分かれた。もちろん，巡回時に流す音楽とは，近隣の住民に移動図書館がやってきたことを広く周知する役割があろう。ただし，こうした巡回中の音楽については，近隣住民からの苦情が寄せられるケースがあると聞く。また自治体によっては，条例等の定めによ

り，拡声器に対する使用制限などもあるのではないか。

　こうした巡回時の音楽については，「既発表（市販）の曲」が最も多かったが，一方で，「オリジナルの曲」が 44 館（22.1％）もあった。オリジナルの曲名等については，前章で整理したとおりであるが，移動図書館のオリジナルの曲については，過去においても作詞・作曲されていた記録が残されている[30]。古くは，千葉県立中央図書館による「ひかりの歌」（作曲：團伊玖磨，作詞：並木杏子）であり，1952 年に歌詞の募集，そして 1953 年に「千葉県訪問図書館ひかり友の会大会」にて発表された。また，現在も多くの移動図書館から流れている「まちどおしいな　ブック・モビル」は，1975 年に図書館法制定 25 周年を記念してつくられた曲であった。日本図書館協会，東京新聞，北海道新聞，中日新聞，北陸中日，西日本新聞の共催，文部省後援で募集した歌詞に全国から 1,051 通の応募があった[31]。その後，松川義昭（ロイヤル・ナイツ）が作曲し，「まちどおしいな　ブック・モビル」（作詞：樋口景一，補作：高田敏子，作・編曲：松川義昭）として 1975 年 12 月に発表された[32]。

　こうした 1950 年代以降の各地の移動図書館の歌を対象に計 10 曲の歌詞を分析したところ，「本」や「みんな」，「村」，「文化」などの出現頻度が高く，カテゴリー別に出現頻度分析をすると，「自動車」や「走る」に関連する言葉のほか，感情や行動，移動図書館の愛称，希望や未来に関する言葉が多い傾向にあった。すなわち，移動図書館の歌は，自動車という移動手段によって本や文化が運ばれる優位性とメッセージ性が歌詞に強調されるとともに，ステーションに多くの住民が集まる光景から，ともに移動図書館を利用するという共同性を表現しているのではないか。加えて，移動図書館の歌によって，多くの住民を巻き込み，移動図書館への共感を広げていく意図が内在しているのではないかといえる。

（5）　臨時巡回（出動）への可能性

　そして第五に臨時巡回（出動）に対する具体的活動状況とこれからの可能性である。本報告書巻末の資料編「2. 調査結果付録」に掲載した各館における臨時巡回の事例（2022 年度）をみていくと，地域のお祭りやイベント，子どもたちを対象とした行事への出張，「はたらく自動車」に関するイベントへの出展など，主に子どもたちやその家族を対象としたプロモーションとしての活動が多いことがわかる。図書館が主催する行事のみならず，地域のさまざまな団体や施設・機関がかかわるイベントであることもうかがえる。ただし，こうしたイベントへの移動図書館の出動については，土曜日や日曜日の開催が多く，会場に長時間駐車する必要があることから，（定期巡回に追加する出動となるため）当日の運転や活動を担う図書館員の体制も課題となろう。

　移動図書館の行事としては，かつては岡山県[33]のように県内の図書館が結集した移動図書館パレードや，沖縄県[34]のように公園で移動図書館まつりが行われていた事例があった。臨時巡回（出動）の実現にあたっては，図書館の体制の確保とともに，図

書館単独での実施ではなく，多くの団体や機関などとの協力関係，信頼関係の積み重ねや，関係者同士でのつながりが欠かせないことがわかる。

5.4　巡回先での活動

巡回先での活動について，まずは前節と同様に，各質問項目における平均値や最も高い割合等を整理して，現在巡回している移動図書館の傾向をみていきたい。

① 貸出冊数（1館平均）：22,463冊
② 積載資料：絵本，一般図書，文庫本がそれぞれ80％以上
③ 年間購入冊数（1館平均）：997.26冊
④ 年間図書購入費（1館平均）：172.68万円
⑤ 巡回先にて，貸出，返却，予約・リクエストサービスがそれぞれ80％以上
⑥ PC端末等によるオフラインでの貸出

さらに本節では，こうした本調査の結果の中から主に，「(2) 図書館車への積載資料」，「(5) 巡回先での図書館活動」，「(6) 巡回先での貸出方法」の3点に絞って検討していきたい。

まず，図書館車への積載資料について検討していきたい。積載資料の傾向については先述のとおりであり，「絵本」，「一般図書」，「文庫本」が多い傾向を示した。こうした移動図書館に積載する資料について，かつて『市民の図書館』（日本図書館協会）には，「図書館の蔵書のショーウィンドー」[35]であり，以下の点に留意して積載図書を編成すべきと指摘している。

(1) できるだけ新刊書を揃える。
(2) 「移動図書館には軽い読物」という偏見をなくし，図書館の新着書をなるべく過不足なく積むようにする。
(3) ある図書を一冊置くことによって，それに類する図書もあることを思わせるようにする。……（略）……テレビ修理の本を置けば，ラジオ修理の本も当然あると思われる。
(4) 高価な画集・写真集などもできるだけ載せる。
(5) なるべく変化に富んだコレクションとする。
(6) 約半数は児童図書を積む。

『市民の図書館』では続けて，「積載図書の調整は図書選択が凝縮した形で表われる最も専門的知識を必要とする仕事である」としている。1970年代の指摘ではあるが，

現在でも通じる内容であろう。図書館車に積載した資料をそのまま固定化することなく、巡回先の利用者層も考慮しつつ、「図書館」における資料・コレクションが地域へ「移動」するという視点が重要であることを指摘していよう。

また、巡回先での図書館活動についてみていくと、「貸出」、「返却」、「予約・リクエストサービス」が上位を占めた。他方で、「特集図書コーナーの設置」、「POP の展示」のほか、「OPAC 検索」などは少ない傾向を示した。確かに、巡回ルートや道路事情、図書館車の駐車場所との関係などから駐車時間が限られているが、建物内の図書館でさまざまに展開している図書館サービスをいかに選択して「移動」していくのか、という視点も重要ではないか。例えば、図書館車へ積載する資料に対して、図書館車で「移動」する図書館員とともに、積載資料に対していかなる付加価値を付与するのか[36]、いわゆる本屋と同様に、本を媒介に「あたらしい興味」や「広い世界への入り口」[37]を導く棚づくりへの工夫も求められるのではないかといえる。

巡回先での貸出方法をみていくと、オンライン方式による貸出はきわめて少ない傾向を示した。Wi-Fi 環境も含めた図書館車におけるオンライン化の装備を推進することにより、貸出・返却のみならず、予約資料のリアルタイムの申込や、所蔵館に対する資料の確保など、帰館後の図書館員の作業軽減のほかに、OPAC 検索による蔵書確認、利用者登録、電子資料等の閲覧、タブレット端末等の利用支援など、今後の図書館サービスの可能性も見出すことができるのではないかと考える。

5.5　コロナ禍の移動図書館

コロナ禍における図書館活動については、すでに国立国会図書館関西館図書館協力課がまとめているが[38]、移動図書館については十分に触れられていない。コロナ禍における移動図書館の臨時巡回や工夫した活動事例としては、例えば、図書館の臨時休館に対する取り組みとして、図書館車を用いた図書館駐車場でのドライブスルー方式による貸出（福井県福井市立図書館）[39]、学校の一斉休校に対する臨時巡回（長野県佐久市立図書館）[40]、図書館休館中の臨時巡回（滋賀県多賀町立図書館）[41]などの事例があるほか、加藤浩司[42]が熊本県内の活動状況を具体的に調査している。こうした当時のコロナ禍における移動図書館巡回の傾向を検討すると、①通常巡回、②一部巡回休止や利用制限を含む巡回、③巡回休止、④臨時・特別巡回の 4 点に整理することができる[43]。

すでに前章で記したとおり、2020 年度のコロナ禍において、「図書館は閉館であっても移動図書館は巡回した期間があった」と回答した図書館が 46 館、加えて「巡回中止せずに継続した」図書館が 58 館に及ぶことがわかった。資料編「2. 調査結果付録」の自由回答の記述をみても、各図書館が難しい判断を迫られながらも、巡回先との調整や巡回の可能性を探っていた様子が伝わる。もちろん本設問は 2020 年度全体

に対して巡回内容となるので，年度内に一定期間の巡回中止もあったと推察できる（本設問は複数回答可としている）。能動的に巡回可能な図書館車を図書館が保有するということは，定期的な巡回のみならず，非定型的・臨時的な巡回を各図書館がどのように想定し準備しているのか，という課題にもつながるのではないかといえよう。

5.6　移動図書館の課題と可能性

　最後に，本調査の結果に基づきながら，移動図書館の目的や評価，移動図書館運営の課題，可能性・展望について検討していきたい。

(1)　移動図書館の目的
　まず第一に，移動図書館の目的についてである。本調査における「移動図書館の主要な目的」（複数回答可）から上位の回答を分類していくと，「遠隔地へのサービス」（85.1％），「管内への全域サービス・図書館網構築」（42.6％）というエクステンション，「高齢者・福祉施設等へのアウトリーチサービス」（52.3％）というアウトリーチ，そして「読書の推進」（71.3％）や「図書館のPR・図書館利用の促進」（51.8％）というプロモーションとしての役割を読み解くことができた。一般的に移動図書館には，①図書館サービスの空白地域に対する伸展活動としてのエクステンションサービス，②図書館サービスが十分に及んでいない入院患者や施設入所者などに対するアウトリーチサービス，③新たな利用者を開拓するための図書館の広報・プロモーションの3点の役割が入れ子構造のように描くことができるのではないかと考える[44]。

　ただしここで留意しなければならないことは，これらの移動図書館の役割が明確に区分されているのではなく，個々の地域や図書館の事情によって，それぞれが交わり重なりあって活動が行われ，交わり重なりあいの濃淡も異なるということである。移動図書館を担う現場においては，3つの色の役割がすべて同時進行しつつも，3つの原色から織りなされるさまざまな視点から，「移動」する「図書館」としての存在意義が見いだされていくのではないか。

　他方で，図書館の目的であり原理でもある「学習権・知る権利・情報アクセスの保障」については，上記の選択肢よりも少ない傾向を示した。かつて前川恒雄は，市民に資料や情報を提供するシステム全体が図書館であると指摘[45]するとともに，『市民の図書館』では，移動図書館を「図書館サービス網の先端，『水道の蛇口』として働く」とともに，「図書館の実際上のサービス範囲を何倍にも拡大し，数倍のサービス人口を予定すること」と指摘していた[46]。すべての住民へ資料や情報のアクセスを保障するという図書館の核心を時代の変化とともに問い続け，移動図書館によっていかに実践的に深めていくのかが重要であるといえる。

　なお，本設問のうち，「図書館（建物）の代替」は少数であり（21.3％），「図書館

設置の機運の醸成」については，きわめて少なく（4館），「未設置」においてもわずか1機関にとどまっていた。これらに関する言及を遡っていくと，1977年の『図書館ハンドブック』第4版で伊藤峻は，移動図書館が「図書館としてのサービスを提供することによって，市民の図書館についての理解を深め，図書館観を変革し，より充実したサービスへの要求を育てる」[47]と指摘した。すなわち図書館数が少なく，分館網が未整備な当時の状況を背景に，移動図書館が暫定的な分館として位置づけられるとともに，図書館サービスの要求を引き出すことで図書館網としての図書館・分館設置の機運の醸成を担っていたことを意味していた。続く1990年の『図書館ハンドブック』第5版においても，石井敦は，移動図書館が「第一に図書館利用者の開拓，掘り起こしが強調されるべきであり，それをバネとした分館など固定施設化への活動が続くのである」[48]と強調していた。もちろん，ここでは市町村立図書館による移動図書館を念頭に言及されているが，1970年代以降，主に都市部の自治体を中心に，移動図書館は分館設置の「バネ」としての役割を担い，自治体内における図書館網の構築に貢献した経験[49],[50]と，都道府県立図書館による移動図書館[51]の歴史的な連続性から，「図書館設置の機運の醸成」や「図書館（建物）の代替」としての役割が総体的に移動図書館に定着していったといえよう。

　その一方で，移動図書館によって住民の図書館観の変革や新たな利用者の開拓に寄与していくことが，営造物としての図書館建設の醸成へ結びつけられ続けていくことは，時代の経過とともに，図書館や分館といったアクセスポイントの設置が一定程度進むと（もしくは「バネ」を牽引するような利用が少なく低調になると），移動図書館の役割が焦点化されることなく，改めてその役割が問われることを意味していたのではないかといえる。

(2)　移動図書館への評価

　第二に移動図書館に対する評価である。本調査の結果から，移動図書館に対して可能性や改善の余地があるという肯定的な評価，もしくは現状を維持しながら活動していくという評価が多く，「将来的に廃止する方向性・予定」や「図書館運営にとって重荷である」といった否定的な評価は少数にとどまった。ただし本調査は，『日本の図書館』に集計された「自動車図書館」を主な対象としたため，現在，移動図書館を運行している図書館による評価である。よって，比較的肯定的な評価となることが推測できよう。

　すなわち，移動図書館の廃止理由については本調査に含めることはできず，今後の課題として残された。こうした移動図書館廃止についての近年の調査は，管見の限り，十分にみることができなかった。筆者が2016年に埼玉県内の図書館を対象とした移動図書館実態調査[52]を試みた際，「移動図書館を廃止した理由」の設問においては（複数選択可），排ガス規制のため（20館），貸出冊数（利用）の減少のため（15

館），分館（建物の図書館）の開館のため（12館）が上位を占め，次いで，予算（経費）削減のため（6館），時代の経過の中で役割を終えたため（6館）となった。「その他」も15館の回答があったが，「詳細不明」，「図書館が開館するため」，「市町村合併により廃止（一本化）」という傾向の記述内容であった。

　次節で述べるとおり，各図書館は移動図書館へのさまざまな課題を抱えていよう。しかし重要なのは，移動図書館としての眼前の活動に終始するのではなく，安全・安定・持続的な運行を基盤としながら，移動図書館を図書館全体のサービス計画に位置づけ，地域社会の「いま」とともに移動図書館の目的や役割を柔軟に，かつ能動的に再発見していく視座ではないかと考える。

（3）　移動図書館運営の課題

　第三に移動図書館運営上の課題についてである。本調査の結果から，「図書館車の管理・メンテナンス・故障」や「運転手の確保・育成」，「移動図書館担当者の確保・育成」など図書館車という自動車を運行するうえでの技術的・実務的な課題が比較的多い傾向にあった。加えて，「利用者数の減少・利用者の固定化」，「巡回ルート・巡回先の見直し・再検討」，「ステーションの新設・増設の調査」という利用者の開拓や巡回先の再検討などに対する回答も多く，これらの課題は移動図書館の目的や役割にかかわるといえよう。前項の移動図書館への評価も踏まえると，多くの図書館では，移動図書館にはこれからの可能性を有していると評価しながらも，同時に，運営上の実務的な課題と利用・対象者に関する課題を抱えていることがわかる。

　かつて『市民の図書館』では，移動図書館に対して次のように指摘していた箇所がある[53]。

　　……（略）……不十分な移動図書館ほどコストの高い無駄なサービスはないし，貧弱な図書館サービスを市民に"宣伝"していることになる。移動図書館の創設は図書館サービス伸展の契機でもあり，また図書館がやっかいな荷物を背負う契機でもある。

　現在，移動図書館を担っている図書館において，「やっかいな荷物」として移動図書館を背負っていないであろうか。「貧弱な図書館サービス」を市民に宣伝していないだろうか。本調査を契機に各館の移動図書館の課題が顕在化・共有化され，ステーションの検討や再設定，積載資料の工夫，地域におけるさまざまな機関や団体とのつながりの再発見，移動図書館利用者調査の実施，「移動」する「図書館」としての再検討などにつながることを期待したい。同時に，移動図書館を担う現場担当者間での実務的な意見交換や各地の情報共有が進み，実践的に課題が克服されていく環境が広がることに少しでも役立つことができればと考える。

（4） 移動図書館の可能性・展望

　最後に移動図書館の可能性や展望についてである。設問の回答をみていくと，「高齢者・福祉施設・社会的弱者への巡回」と「保育園・幼稚園・小中学校への巡回強化」が高い傾向を示した。もちろん，それぞれの地域の事情も背景にあるが，一方で，利用者の開拓・拡大も含めた新たな巡回先の開拓や，いわば先端をゆくような新しい活動に対しては，回答が少ない傾向にあった。こうしたことから，回答の全体的な傾向としては，現在の移動図書館の活動をベースに，「今」の活動を深めていく・持続していく傾向を読み解くことができるのではないか。すなわち，移動図書館を担う現場において，これからの移動図書館の可能性や展望を視野に入れるためには，まずは現在の移動図書館の役割や活動内容を再確認するという意図がうかがえる。同時に，移動図書館は巡回先があって，はじめて活動が成り立つことから，改めて巡回先の機関や団体との意思疎通や信頼関係の構築に対する意識化も求められよう。

　これからの移動図書館の可能性や展望には，教育機関や福祉施設等との連携にとどまらず，地域におけるさまざまな機関，団体，関係者とのつながりやネットワークに対して，これまでに図書館としていかに積み重ねていたのかにも左右されるのではないかといえる。

　なお，本設問では紙数の都合により記入欄が小さくなってしまったが，回答票の末尾に「移動図書館の可能性や，これからの移動図書館へのお考え・具体的に実践してみたいことなどをご自由にお書きください」という設問をつくった。その結果，本設問の選択肢では表すことができない現場における地域独自の思いを多数寄せていただいた。臨時の巡回や行事等への出動への意欲，遠隔地へ巡回する移動図書館の意味，他機関や他部署との連携・つながりの構築など，積極的なコメントが多数あった。こうした移動図書館を担う担当者の前向きな思いから，各地の移動図書館実践の共有化とともに，移動図書館のさらなる可能性を痛感する。

　各地の移動図書館の「現場」に足を運ぶと，移動図書館にかかわる人（図書館員，運転手，地域住民・利用者，ボランティア，受け入れ先機関の人々など）の思いに必ず触れることになる。移動図書館とは，流行に迎合し，消費社会に浸透するのではなく，地域社会と時間を共有して，自治や共同を育み信頼関係を構築していくこと[54]と密接ではないだろうか。

＊　　＊　　＊

　読書の魅力や楽しさ，知的好奇心を育み，ともに学びあい，知る喜びをつくる図書館の「芯」を，地域へ先導する移動図書館によって，実践的にいかに深めていくのか——図書館の核心を踏まえながら移動図書館の役割を多くの図書館関係者とともに議論していきたい。

注

1) 移動図書館については，さまざまな視角から述べたいことがあるが，ここでは本調査結果に基づいた内容にとどめていきたい。

2) ㈱林田製作所の見学記については，以下を参照。石川敬史「働くクルマとしての移動図書館（地域と図書館をつなぐ移動図書館　第8回）」『図書館車の窓』101，2015.5，p.3-4.；古川耕司「林田製作所訪問記」『みんなの図書館』215，1995.3，p.8-17.；ブレインテック「こだわりがいっぱい！移動図書館車の林田製作所にウパっちが潜入！（お仕事見学）」『Jcross』〈https://www.jcross.com/plaza/visit/5.html〉[2024.10.11 参照]

3) 1980年代から1990年代にかけて『図書館車の窓』には，図書館車の仕様書の作り方，自治体の仕様書の事例，車体選びのポイントなど，図書館で仕様書を考える材料が掲載され，大いに参考になる。「図書館車を走らせたいシリーズ（Ⅱ）：仕様書の作り方（1）」『図書館車の窓』2，1982.9，p.4.

4) 叶沢清介「移動図書館車標準化試案について」『図書館雑誌』69(6)，1975.6，p.252-253.

5) 大阪府教育委員会社会教育課編『移動図書館の手びき』1974.11，21p.

6) 沖縄県公共図書館連絡協議会移動図書館部会編著『移動図書館導入の手引き』1993.3，17p.

7) かつて著者が図書館情報システム担当者であった時代を振り返り，仕様書策定について同様の視角を整理したことがある（石川敬史「図書館システムづくり」『情報メディア学会ニューズレター』34，2017，p.1-3.；渡辺哲成，池下綾乃「図書館・学術情報システムの意向のポイント」『情報の科学と技術』73(9)，2023.9，p.362-368.）。

8) 石川敬史「移動図書館の可能性と課題」『図書館雑誌』118(4)，2024.4，p.192-195.

9) 堀田菜つみ，鹿内祐樹「白河市立図書館，移動図書館始めるってよ」『図書館車の窓』127，2023.11，p.4-6.

10) ㈱図書館流通センター「軽自動車の移動図書館車：LiBOON リブーン」〈https://www.trc.co.jp/solution/liboon.html〉[2024.10.11 参照]

11) 河野知歌子「『小さな図書館』でサービスを届ける：四万十町における移動図書館車導入事例」『図書館雑誌』118(4)，2024.4，p.200-201.

12) 1990年代前半ではあるが，次の記事も参考になる。「［調査報告・運営篇］積載冊数1,000冊未満の図書館車の実態Ⅰ」『図書館車の窓』32，1991.9，p.2-3.；「［調査報告・運営篇］積載冊数1,000冊未満の図書館車の実態Ⅱ」『図書館車の窓』33，1991.12，p.2-6.

13) 「特集・待つ図書館から飛び出す図書館へ：モーのすけ号が市内全域へ図書館サービスをお届けします」『広報ひらど』134，2016.11，p.2-5.

14) 例えば，埼玉県寄居町の場合，児童書の積載率は9割を超えている。巡回先は，町内の保育所・保育園，小学校等が中心である（石川敬史「児童書満載の移動図書館車：埼玉県寄居町『たまよど号』」『図書館車の窓』110，2017.8，p.4-6.）。

15) 穐村喜代子「移動図書館を使った学校との連携：我孫子市民図書館　子どもの読書活動推進計画重点施策」『図書館雑誌』118(1)，2024.1，p.46-47.

16) 石川敬史「移動図書館車の愛称・ニックネーム（地域と図書館をつなぐ移動図書館　第6回）」『図書館車の窓』99，2014.11，p.6-7.　以下，本節は拙稿にもとづいて執筆している。

17) 例えば，松山市立図書館の図書館車4台はカラフルである。藤原敏貴「NHK『ドキュメント72時間「島へ山へ走る図書館」』の取材について」『図書館車の窓』116，2019.11，p.6-8.

18) 石川敬史「第3章『移動図書館人』のエネルギーを読み解く」『文化の朝は移動図書館ひかりから：千葉県立中央図書館ひかり号研究』日本図書館研究会オーラルヒストリー研究グループ編著，日本図書館研究会，2017.3，p.139-159.

19) 鈴木四郎，石井敦編『ブック・モビルと貸出文庫』日本図書館協会，1967，p.75.（シリーズ・図書館員の仕事，15）

20) 平松克一，平尾賀津子「BM委託の実態を考える」『図書館車の窓』7，1983.12，p.2-3.

21) 移動図書館の事故・対応については，例えば，以下の文献で取り上げられている。日本図書館協会図書館政策企画委員会『こんなときどうするの？』改訂版編集チーム編「移動図書館車の事故」『みんなで考えるこんなときどうするの？：図書館における危機安全管理マニュアル作成の手

引き』改訂版，日本図書館協会，2014.10，p.114-115.

22) 以下の報告も参照。中山真一「横浜市立中央図書館における移動図書館『はまかぜ号』の実践について」『図書館車の窓』115，2019.7，p.6-7.

23) 日本図書館協会編『市民の図書館』増補版，日本図書館協会，1976，p.98.

24) 鎌倉幸子『走れ！移動図書館：本でよりそう復興支援』筑摩書房，2014，p.85-86.（ちくまプリマー新書 208）

25) 東山恵美「暮らしの中に町の図書館を」『図書館車の窓』119，2020.11，p.4-5.

26) 酒井圭治「移動図書館バス『あじさい号』」『図書館雑誌』86(11)，1992.11，p.787.；「移動図書館バス『あじさい号』：夜間巡回・長時間駐車で登録率28％」『図書館車の窓』34，1992.3，p.6-7.

27) 小林ソーデルマン淳子ほか『読書を支えるスウェーデンの公共図書館：文化・情報へのアクセスを保障する空間』新評論，2012.9，p.127-130.；吉田右子ほか『フィンランド公共図書館：躍進の秘密』新評論，2019.11，p.242-246.

28) 前川恒雄『移動図書館ひまわり号』筑摩書房，1988，p.49-53. かつて都道府県立図書館による移動図書館が台頭していた1950-1960年代，巡回先の市町村ごとに移動図書館を受け入れる運営委員会，駐車場主任をはじめ，利用者団体（友の会）が組織されていた。

29) 中岡貴裕，石川敬史「和光市における移動図書館の歩み：インタビュー調査中間報告」『和光市デジタルミュージアム紀要』6，2020.3，p.1-12.

30) ここでは次の文献にもとづいた内容である。石川敬史「歌詞から読む移動図書館」『図書館車の窓』108，2017.2，p.4-6.；石川敬史，安達一寿「戦後日本における移動図書館への期待：歌詞分析を通して」『年会論文集』（日本教育情報学会）35，2019.8，p.336-337.

31) 「ブック・モビルの歌当選きまる」『図書館雑誌』69(10)，1975.10，p.444.

32) 「ブック・モビルの歌：まちどおしいなブック・モビル」『図書館雑誌』69(12)，1975.12，p.565.

33) 「自動車文庫による全自治体訪問パレードから：全域サービスを達成させるための手段として」『図書館車の窓』40，1995.3，p.6.

34) 「県内のBM大集合：94 BMまつり 1994.11.20（日）」『図書館車の窓』40，1995.3，p.7.

35) 前掲23)『市民の図書館』p.100-101.

36) この意味では，本を媒介にして限られたスペースに自己を表現する「ひとハコ図書館」や「シェア本棚」の思想は参考になるのではないかと考える。直井薫子「インタビュー・シェア本棚の意義は小さくありません」『望星』54(9)，2023.9，p.62-69.；土肥潤也「市民の参画を生み出すみんなの図書館さんかくの実践」『月刊社会教育』785，2021.10，p.40-43.

37) 内沼晋太郎『これからの本屋読本』NHK出版，2018，p.26-29.

38) 「No.19 公立図書館における新型コロナウイルス感染症（COVID-19）への対応」『カレントアウェアネスポータル』2022.7.〈https://current.ndl.go.jp/report/no19〉；「No.19-2 公立図書館における新型コロナウイルス感染症（COVID-19）への対応（2）」『カレントアウェアネスポータル』2023.7.〈https://current.ndl.go.jp/report/no19_2〉［2024.10.11参照］

39) 佐藤秀樹「コロナ禍でも移動図書館車大活躍!!：図書館の原点に戻ってLet's Go!!」『みんなの図書館』524，2020.12，p.11-14.

40) 依田緑「草笛号 GO ！」『図書館車の窓』118，2020.7，p.4-5.

41) 西河内靖泰「図書館は休館，でも移動図書館車は走った：コロナ禍での多賀町立図書館の取り組み」『みんなの図書館』525，2021.1，p.53-61.

42) 加藤浩司「人口減少下の地方都市における移動図書館の価値に関する研究：（その2）COVID-19流行初期の福岡県と熊本県北部地域における移動図書館実施状況」『都市計画報告集』20(2)，2021.8，p.244-247.

43) 石川敬史「コロナ禍における移動図書館の課題と可能性に関する考察」『年会論文集』（日本教育情報学会）37，2021.8，p.414-415.

44) 石川敬史「移動図書館の可能性と課題」『図書館雑誌』118(4)，2024.4，p.192-195.

45) 前川恒雄『われらの図書館』筑摩書房，1987，p.119-123.

46) 前掲23)『市民の図書館』p.98-102.；『図書館ハンドブック』第5版（日本図書館協会，1990）「移動図書館」の項目を執筆した石井敦も『市民の図書館』における移動図書館の柱を同様に整理

している。

47)　伊藤峻「D　ブックモビル」『図書館ハンドブック』第4版，日本図書館協会，1977，p.352.

48)　石井敦「C　移動図書館」『図書館ハンドブック』第5版，日本図書館協会，1990，p.81.

49)　日本図書館研究会編『松原の市民図書館：子ども文庫から図書館システムへ』日本図書館研究会，1984，305p.

50)　石川敬史，中岡貴裕「1970年代移動図書館史研究序説：埼玉県立浦和図書館における一日図書館を中心に」『十文字学園女子大学紀要』51，2021.3，p.159-171.

51)　前掲19)『ブック・モビルと貸出文庫』。もちろん，都道府県立図書館と市町村立図書館による移動図書館では，歴史的かつ時代の経過とともに役割が異なっていよう。

52)　石川敬史「埼玉県における移動図書館実態調査の予備的考察」『十文字学園女子大学紀要』48，2018.3，p.187-201.

53)　前掲23)『市民の図書館』p.102.

54)　石川敬史「移動図書館の再発見」『図書館雑誌』109(7)，2017.7，p.426-428.

6. おわりに

　　　ねぇ〜，読書感想文を書きやすい本ない〜？

　地元のA町立図書館。大学3年生のときに「図書館実習」で図書館車に同乗し，とあるステーションで小学生に声をかけられた。「えっ」と戸惑っていると，同乗していた図書館員Bさんがスッと優しく語りかける……。小学校へも巡回し，たくさんの子どもたちが集まってきた記憶も……。微かな記憶であるが，大学生時代の移動図書館との接点であり，地元を走っていた「コスモス号」との懐かしい思い出である。子どもたちとの距離が近かった。

　　　あれっ，時間は言いましたかねぇ？

　大学院生時代，C県立図書館の移動図書館に同行させていただく機会を得た。学部学生時代から親しくさせていただいた図書館員Dさんの「ご高配」——助手席でマイク片手にアナウンスをさせていただいた。緊張のせいか，原稿を一行読み飛ばしてしまったのだ。それでも子どもたちが集まってきた（と思う）……。確か片道2時間近くかかっただろうか，公立図書館未設置の中山間地への巡回——この当時，更新された新しい「さきたま号」への同乗は，初めての移動図書館の見学であったと記憶している。

　　　ほ「ン」の貸出しを行います！

　大学の教員になっても移動図書館の見学を重ねる機会に恵まれている。学生とともにたくさんの移動図書館を見学させていただいたが，このうちE町立図書館の移動図書館見学はとにかく楽しかった。図書館員Fさんの「ご高配」——助手席でマイク片手にアナウンスさせていただいたのは学生である。緊張のあまり，「本（ほん）」の「ン」の声が裏返ってしまうアナウンスは，「Love is Blue（L'amour est bleu）」の音楽とともに，E町内に響きわたった。ステーションに到着するまで，10分近くかけてぐるぐると住宅地をアナウンスしながら走り回る「せせらぎ号」。ステーションに到着しても，学生たちと図書館員Fさんとの楽しい会話が絶えない移動図書館現場であった。このE町の移動図書館は2023年3月末で運行中止となってしまい寂しい。

　　　　　ちょっとしばらく車庫の前で待ってて。

　移動図書館の見学に対して，歓迎されない場合もある。日常業務に加えて，慌ただしい中での出発準備となるからだ。確か 2 月の風が冷たい季節，G 市立図書館のすぐ隣にある車庫の前でポツンと一人立ち続けていた。20〜30 分は待ったであろうか（いや 5 分くらいだったかもしれない……），シャッターが開き，図書館車と対面したときの感激は，今でもはっきりと記憶している。この G 市立図書館「もくせい号」は市内の一部の病院へ巡回していることでよく知られている。図書館員がナースステーションのマイクを自然体に操り，来館を呼びかけている姿には驚いた。実際に現場を視ないとわからない光景である。まさに 1970 年代から病院への貸出が行われているG 市立図書館の理念の源流であった。

　　　　　ここで休憩しましょう。缶コーヒーのブラックでいいですかね。

　都道府県立図書館による移動図書館は，現在（2024 年）のところ 2 館に限られている。このうち H 県立図書館「自動車文庫」への同乗の機会をいただいた。この日は片道約 2 時間半，運転手の I さんとの長旅である。最初の目的地・J 村へ到着するころにはしだいに雪が舞ってきた。雪の中，幼稚園や小・中学校の先生，社会教育主事，役場職員らが車内の書架にむかって静かに選書する背中は忘れることができない。J 村内の各所に配架する図書をこの「自動車文庫」から選んでいるという。J 村から K 町への移動途中，I さんが腰を痛めたこと，本を読むようになったことなど——2 時間半の移動はあっという間であった。助手席でブラックの缶コーヒーを片手に，移動図書館は多くの人々を巻き込んでいると痛感した。

　　　　　もう寒いので，車の中に入りますね……。

　4 台ものカラフルな図書館車を保有している L 市立図書館。地下の車庫に並んでいる姿に圧倒される。この 4 台のうち，離島へ巡回するコース（「つばき号」）に同行させていただいた。3 月ではあるが，とにかく風が冷たく肌（正確には顔）が痛い。ともに同行した他の図書館員は寒さに我慢できなかったようだが，島民の方々はどこから，どのように「つばき号」へ「来館」するのであろうか……と島の日常を直視したいと思い，ポツンと立ち続けていた。写真や動画ではわからない島の日常，島民同士の会話，歩くスピード，表情，本を持つ姿勢——「こんにちは〜，いや〜風が冷たいですね〜」——「つばき号」が島の生活に浸透していることに気がつく。

　　　　　　　　　　＊　　＊　　＊

車庫で休んでいる図書館車を見るのは簡単であるが，移動図書館が「動く」現場を視ることはなかなか難しい。移動図書館に同行させていただく際には，「建物」の図書館の見学とは異なり，図書館車を追う手段の手配をはじめ，「何月何日何時に○○へ」と日時と場所が指定されることがよくある。多くの場合は，ほぼ1日同行させていただくため，移動図書館を背負っている図書館員の方々との何気ない会話，排架やコンテナ格納のお手伝い，地域の方々へのご挨拶など，日常の移動図書館に溶け込む姿勢はとても大切である。時にはコンビニの駐車場で休憩し，時には地元の食堂で昼食をとり，時には地域の名勝や特産品の話題で盛り上がり，時には信号待ちの図書館車へ小さな歩行者から手を振られることもある。年間何回も気軽に見学にうかがわせていただくことはなかなかできない……。

＊　＊　＊

学部学生の卒業論文から始まった移動図書館研究——この間，まったく成長しておらず，批判もされた。が，学部学生時代に出会ったC県の移動図書館を牽引した鈴木四郎の言葉は，今でも筆者のコンパスであり，講演会や研修会で毎回欠かさず紹介している。移動図書館とは何か，移動図書館の「現場」とは何か，と同時に，調査・研究とは何か，なぜ地域を歩くのか——移動図書館の「芯」が刻まれている。

> 移動図書館はね，市町村に出て行って対話をして，あの頃だったら，夜，映画会となって町村の職員や村の人と協力してスクリーンを張る丸太を組んで会場の設営を行う，また，町村の三役と酒を酌み交わし，読書会で青年と話し合うといった，多角的な人格が要求されるんですね。単に，図書館学の理論だけでは駄目なんで，全人間的に自分というものを試される訳です。(鈴木四郎「移動図書館 OB 大いに語る」
> 『埼玉の移動図書館：30周年記念』埼玉県移動図書館運営協議会，1980，p.26.)

＊本稿は『本を選ぶ』(㈱ライブラリー・アド・サービス)に年2回連載の「大学教員ノート」第10回「全人間的に試される」(462，2023.11)の拙稿を一部修正したものである。

資料編

1．調査関係資料

(1) 【対象1】調査依頼文書（都道府県立図書館）

(2) 【対象1】回答票（都道府県立図書館）

(3) 【対象2】調査依頼文書

(4) 【対象2】回答票の記入の手引き

(5) 【対象2】回答票

(6) 【対象2】ご協力のお願い（督促）

2．調査結果付録

(1) 移動図書館愛称一覧

(2) 2022年度のイベント名・活動内容（自由記述）

(3) 新型コロナウイルス感染症への対応（自由記述）：2020-2022年度

1. 調査関係資料

(1) 【対象1】調査依頼文書（都道府県立図書館）

2022 年 11 月 11 日

都道府県立図書館
　図書館協力ご担当者様

十文字学園女子大学

教育人文学部　文芸文化学科

准教授　石川　敬史

移動図書館に関するアンケート調査のお願い

　十文字学園女子大学石川研究室では，全国の移動図書館実態調査を実施する予定で準備を進めています。

　本調査での移動図書館とは，「自動車という移動手段を用いた図書館活動」を指し，自動車図書館，自動車文庫，BM，図書館バス，図書館車などと同義としています。こうした移動図書館については，『日本の図書館』（日本図書館協会）において，全国の公立図書館による自動車図書館（移動図書館）の台数が集計されています。

　その一方で，公立図書館が未設置の市町村においても，例えば公民館や教育委員会，文化センター図書室等が移動図書館を実施する地域もあります。これらの活動については，『日本の図書館』には集計されておらず，Web ページや SNS 等を確認しても，その実態を十分に把握することが難しい状況です。

　つきましては，貴館にて図書館協力（もしくは都道府県の図書館協会等）をご担当の皆様より，公立図書館未設置の市町村が実施している移動図書館の情報提供をいただきたく，アンケート調査を郵送させていただきました。

　ご多忙中，誠に恐縮ですが，ご協力を賜りますようお願い申し上げます。

記

１．調査の目的
　・貴館管内（都道府県内）にて，公立図書館未設置の市町村が実施している移動図書館の情報提供

２．回答方法
　・同封の回答票にご記入，返信用封筒にてご返送
　＊貴館内にて情報をお持ちの部署がございましたら，ご担当者へお回しいただけますでしょうか。

３．締め切り
　・12 月 9 日（金）まで

４．本調査に関する連絡先
　十文字学園女子大学　教育人文学部　石川敬史研究室
　〒352-8510　埼玉県新座市菅沢 2-1-28
　Email: takashii@jumonji-u.ac.jp

以　上

資料編

(2) 【対象1】回答票（都道府県立図書館）

回　答　票
12月9日（金）までに返信用封筒にてご返信ください

■館名：

■本票記入ご担当者様：
　メールアドレス：

貴館管内（都道府県内）における移動図書館についてお尋ねします。

＊本調査での移動図書館とは，「自動車という移動手段を用いた図書館活動」を指し，自動車図書館，自動車文庫，BM，図書館バス，図書館車などと同義としています。

1．公立図書館が未設置の市町村において，公民館や教育委員会等が移動図書館を実施している自治体はありますか。　（○印をお願いいたします。）

　　ある　　→項番2へ
　　ない　　→項番3へ
　　わからない・情報を把握していない　→項番3へ

2．以下の表へご記入ください。

市町村名	実施機関名 例：○○町公民館 　　○○町文化センター図書室など	その他・備考欄

3．都道府県内において，公立図書館未設置の市町村以外で，民間の企業や団体が移動図書館を実施している事例をご存じでしょうか。ご存じでしたら，以下の表にご記入をお願いいたします。

機関・団体名	活動内容等

4．その他，移動図書館につきまして，お気づきの点や情報の提供がございましたらお書きください。

　　　　　　　　　　　　　　　　　以上です。ご協力ありがとうございました。

(3) 【対象2】調査依頼文書

2023 年 3 月 6 日

図書館長　様
移動図書館ご担当者　様

十文字学園女子大学
教育人文学部　文芸文化学科
准教授　石川　敬史

移動図書館実態調査へのご協力のお願い

時下，ますますご清栄のこととお喜び申し上げます。

この度，十文字学園女子大学石川研究室（図書館学研究室）において，全国の図書館・図書室様を対象に移動図書館の実態調査をさせていただきます。大変お忙しい中，誠に恐縮ですが，2023 年 6 月 30 日（金）までにご回答いただけますでしょうか。

同封の回答票にご不明な点がございましたら，お手数おかけいたしますが石川研究室までご照会いただけますでしょうか。調査の項目が多く，図書館の皆様におかれましては大変ご迷惑おかけいたします。調査へのご協力を何卒よろしくお願い申し上げます。

＊本調査での移動図書館とは，開架式書架を装備するなどの自動車（図書館車）という移動手段を用いた図書館活動を指し，自動車図書館，自動車文庫，BM，図書館バスなどと同義といたします。

記

1．調査対象と目的
・全国移動図書館実態調査は 1979 年度以降実施されておらず，公立図書館や図書室等を対象に，全国の移動図書館の活動実態や傾向を分析いたします。

2．回答票・郵送対象館
①『日本の図書館』（日本図書館協会）2021 年度調査における「自動車図書館」の保有館
・**中央館以外に，分館等にて「自動車図書館」保有の場合は，分館等に回答票を郵送しています。**（「自動車図書館）」を保有している各館毎に回答をお願いいたします。）
②公民館図書室等にて移動図書館を実施している機関

3．回答方法
・同封の回答票にご記入，返信用封筒にてご返送ください。
・**回答票は，各館毎（回答票が届いた図書館ごと）にご回答をお願いいたします。**
・「回答票記入の手引き」も同封いたしました。
・可能でしたら，図書館車のお写真も同封をお願いいたします。

4．締め切り
・2023 年 6 月 30 日（金）まで

5．調査結果の公表
・2023 年度中に集計し，分析結果を公表する予定です（Web，研究会発表，機関誌執筆等）。

6．本調査に関する連絡先
十文字学園女子大学　教育人文学部　文芸文化学科　　石川敬史（図書館学研究室）
〒352-8510　埼玉県新座市菅沢 2-1-28

Email: takashii@jumonji-u.ac.jp

＊授業等により研究室不在の場合がございますので，メールでのお問合せをよろしくお願いいたします。

以　上

資料編

(4) 【対象 2】回答票の記入の手引き

回答票の記入の手引き

・2023 年 6 月 30 日(金)締切

・調査項目が多く, ご担当の皆様には大変ご迷惑おかけいたします。国内において, 全国の移動図書館実態調査は, 1979 年度以降, 実施されておりません。多くの図書館の皆様のご協力をいただきながら, 調査結果を分析して参ります。

・本回答票設計にありましては, 複数の図書館様, 移動図書館を担当された元図書館職員の皆様のご協力をいただきました。調査へのご協力をよろしくお願いいたします。

■調査対象

・回答票は, **移動図書館を保有している各館毎(回答票が届いた各館ごと)に回答をお願いいたします。**

　→市町村合併により分館配置されている移動図書館が多数あり, 『日本の図書館』データより, 図書館車を保有している各館毎にご回答いただく方式とさせていただきました。

・封筒のラベルに No.を付しています。

■対象年

・原則として回答票には **2022 年度(2022 年 4 月～2023 年 3 月)の活動実績**をご記入ください。

・一部の設問には, 2020 年度, 2021 年度, 2022 年度の数値をご記入いただく場合もありますが, その場合は回答票にその旨の記載がございます。

・自由記述欄が不足する場合は, 別紙(書式自由)での回答になりましても構いません。

・本回答票とともに, 可能でしたら, 図書館車のお写真の同封もお願いできますでしょうか。

Ⅰ. 移動図書館(自動車図書館)の運営

1-1 保有する図書館車

・「保有台数」:ご回答いただく図書館における保有台数。複数台所有の場合は合計の台数をご記入ください。

・「特種用途自動車(8 ナンバー車)」:保有台数のうち, いわゆる「8 ナンバー車」の台数をご記入ください。

・「運行開始年度」:貴館において移動図書館の運行を開始した年度をご記入ください。市町村合併以前による旧市町村の巡回開始も含め, 当該自治体にて移動図書館の巡回を開始した年度をご記入ください。

1-2 図書館車の詳細 (1 台所有の場合は A 欄に, 複数台所有の場合は, B,C, D 欄へご記入ください。)

・1 台保有している図書館はA欄のみにご記入ください。

・2 台保有している図書館はA欄とB欄に, 3台保有している図書館はA, B, C欄にご記入ください。(最大 4 台(A～D)ご記入可能です。)

・「愛称・号車」:「ひまわり号」等の愛称(呼称)のほかに, 「号車」の呼称があればご記入ください。

・「製作費」:自動車の費用＋改造費用等を合算した金額をご記入ください(概算でも構いません)。

・「メーカー・車名」:自動車メーカーの会社名(日産, いすゞ, 日野など), 車名(エルフ, ハイエースなど)をお書きください。

・「車体種別」:図書館車のベースとなる車体を選択してください。

　「2.トラック」:トラックシャーシの場合(セミバス型も含む)は, 2 を選択ください。

　「3.バス」:マイクロバスではなく, 大型のバスを意味しています。

　「4.ルートバン」:トラックシャーシによるワンボックス型の自動車となります。

　「5.ライトバン」:ワンボックス型の自動車です。代表的な自動車にハイエースがあります。

　「6.軽車」:軽自動車(書架等装備の改造も含む)を意味します。

1

・「児童書の割合(%)」:紙芝居等も含め, 図書館車への積載資料のうち, 大まかな割合で構いません。
・「年間走行距離(km)」:不明の場合は, 大まかな距離数で構いません。

1−3 移動図書館の運営状況

・1-2 の設問にご記入いただいた A から D の各図書館車についてご記入ください。1 台のみ保有の場合は A 欄のみ記入となります。
・「移動図書館の運営方法」:1 から 5 の選択肢から 1 つご選択ください。
    ・「1.直営」:運転も含め, 全て図書館員(直接雇用の非常勤の図書館員を含む)が担う方法となります。
    ・「2.全て委託(指定管理者含む)」:指定管理者による運営の場合, 2 を選択してください。
    ・「4.運転・図書館車管理のみ委託」:運転と図書館車の管理(洗車・タイヤ交換等)のみ委託となる場合を指しています。
    ・「5.その他」の場合は詳細をご記入ください。
・「運転手を含む 1 巡回の同行人数」:司書有資格者については, 巡回毎に異なる場合もあると存じます。その場合は, 年間を通しての標準的・平均的な人数をお書きください。
・「図書館車の運転手」:1 から 6 の選択肢から 1 つご選択ください。
    ・「4.指定管理者(雇用スタッフ)」:指定管理者が雇用する図書館員・スタッフが従事している場合
    ・「5.指定管理者(委託)」:指定管理者が外部に委託している場合
・「図書館車の特色装備」:図書館車への装備についての設問です。
    ・「1.液晶モニター」:運転席・カーナビ等のモニターは含まれません。DVD の視聴用など, 利用者が利用するモニターを意味しています。
    ・「2.Wi-Fi」「3.LTE などのオンライン環境」:Wi-Fi や LTE などでのオンラインでの通信環境(貸出, 返却, OPAC 検索等)や, 利用者への Wi-Fi 環境の提供がありましたら選択してください。
    ・停車中, エンジンを切っても冷房可能な装置など, 図書館車の装備の特徴がありましたら「その他 10」の欄にお書きください。(欄が小さいので, 別紙になりましても構いません。)

Ⅱ. 移動図書館(自動車図書館)の巡回

2-1 定期巡回:ステーション, 巡回, 駐車時間

・「ステーション数」:貴館にて, 複数台の図書館車を所有する場合は, 合計値をお書きください。
・「巡回周期」:ステーションやルートによって巡回周期が異なる場合もあると存じます。貴館における平均的・一般的な巡回周期をご選択ください。
・「土日の巡回」:本設問では, 臨時巡回ではなく, 定期巡回を対象としています。
・「雨天時の巡回」:対象は通常の雨天時としています。雨天の場合の巡回の有無をお尋ねする質問です。なお, 明らかに巡回が困難な「荒天」(台風等)や「大雪」は除きます。
・「早朝巡回」「夜間巡回」:臨時巡回ではなく, 定期巡回における早朝, 夜間の巡回ついての有無をお答えください。

2-2 定期巡回先 (該当する選択肢に〇印, 複数選択可)

・定期巡回の巡回先(ステーション)についての設問です。
・その他の欄に複数記入することも可能です。
    ・ステーションの特徴, 巡回先の特徴がありましたら, その概要や方針を空欄にお書きください。

2-3 移動図書館の広報・音楽

・「移動図書館の広報手段」:移動図書館巡回の広報手段・周知方法を選択してください。
・「ステーション到着前, 巡回時に音楽を流しますか」:ステーション到着前や到着時に, 図書館車のスピーカー

から音楽を流しているかをお尋ねします。
- 「→どのような音楽ですか」
  - 「1. オリジナル曲」:貴館独自に作曲した音楽を指しています。
  - 「2. 既発表(市販)の曲」:上記の1以外,市販の曲や既に発表・公表されている音楽を指しています。

2-4 定期巡回:ステーションの運営
- 「ステーションマスター(駐車場主任)」:巡回地区の連絡窓口,ステーションの利用者や設営等を取りまとめる地元の世話人を意味します。図書館や教育委員会が委嘱するケースが多く,謝金が発生する場合があります。今回の調査では,有償・無償を問わず,ステーションマスターとして委嘱されている方がいる場合についてお答えください。全てのステーションではなく,一部のステーションにてステーションマスター(駐車場主任)の委嘱がある場合も「有」としてください。
- 「ステーションでの住民のボランティアの有無」:ステーションでの貸出や返却,排架などの作業を PTA や団地自治会,おはなし会サークル等,ボランティアさん(有償・無償を問わず)により協力いただいている場合は,「有」とお書きください。全てのステーションではなく,一部のステーションにてボランティアの協力がある場合も「有」としてください。

2-5 イベント等への臨時出動 (2020-2022 年度)
- 2020 年度から 2022 年度の実績をお書きください。
- コロナ禍の臨時活動は除きます。コロナ禍の臨時的活動については以降のⅣにて質問いたします。
- 本設問では,イベントやお祭り等への臨時的出動を想定しています。
- 記述欄が足りない場合は別紙にてお書きいただけますでしょうか。

Ⅲ. 巡回先での活動, 積載資料

3-1. ステーション・巡回先での貸出冊数
- 2021 年度と 2022 年度の実績についてご記入ください。
- 「ステーションでの最多貸出冊数」「ステーションでの最少貸出冊数」:1回の巡回あたり,各ステーションにおいて,最多の貸出冊数と最少の貸出冊数をお書きください。
  - 例:〇〇公園前(5月8日午後巡回):貸出 268 冊 (最多貸出冊数の例)
    - 〇〇団地集会所(12月21日午前巡回):貸出 2 冊 (最少貸出冊数の例)

3-2. 図書館車への積載資料 (該当する選択肢に〇印,複数選択可)
- 図書館車へ積載している資料のほかに,利用者用の端末,配布用のチラシ等も含め選択してください。

3-3. 移動図書館用の資料・経費
- 「移動図書館用図書・年間購入図書冊数(2022 年度)」:移動図書館用の図書冊数を集計していない場合(区分していない場合)は,「不明」と記載してください。
- 「図書館の年間購入図書冊数(2022 年度)」:自治体内の本館・分館もあわせた年間の購入図書冊数の合計値をお書きください(移動図書館用も含む数値)。
- 「移動図書館用図書・年間図書購入費(2022 年度)」:移動図書館用の図書費を集計・区分していない場合は,「不明」とお書きください。
- 「図書館の年間図書購入費(2022 年度)」:自治体の本館・分館もあわせた年間の図書購入費の合計値をお書きください(移動図書館用も含む数値)。

3-4. ステーション・巡回先での貸出方法

・該当する選択肢に〇印をお願いします。 PC とはパソコンを意味しています。
・一般的にオフラインの場合は, 帰館後に貸出・返却データを図書館のサーバーへ流し込む作業が伴います。

3-5. ステーション・巡回先での図書館サービス・環境整備

・該当する選択肢に〇印をお願いします。複数選択可です。
・「5.レファレンスサービス」:簡単な読書案内や所蔵確認・調査なども含まれることとします。
・「18. ブックトラック・書棚の設置（約　　　　冊）」:図書館車の開架式書架以外に, ステーションにて図書館車から搬出し, ブックトラックなどの可動式の書棚や図書を収めたコンテナを屋外に設置することを意味しています。

Ⅳ. コロナ禍の巡回

4-1. 2020 年度から 2022 年度までの巡回について

・「2020 年度の巡回」「2021 年度の巡回」「2022 年度の巡回」:選択肢に〇印をお願いします。コロナ禍における移動図書館の巡回の状況をお聞きします。
・臨時巡回や, コロナ禍における移動図書館活動の工夫や巡回の特徴などお書きください。欄が不足する場合は, 別紙(書式自由)となりましても構いません。

4-2. 貴館における「新型コロナウイルス感染症対応地方創生臨時交付金」の活用について

・移動図書館を対象とした交付金の活用についてお答えください。複数選択可です。
・「該当無し」の場合は, 5 にご回答ください。

Ⅴ. 移動図書館活動の取り組み

＊同一自治体内で複数台保有の場合, 中央館・分館等, 自治体内の各館と回答を同一としても構いませんが, できるだけ移動図書館を保有している図書館毎(回答票毎)にご回答をお願いいたします。

5-1. 貴館における移動図書館の主要な目的

・貴館において, 移動図書館を実施・展開する主要な目的についてお聞きします。
・該当する(目的や方針に近い)選択肢に〇印をつけてください。複数選択可です。

5-2. 貴館における移動図書館の評価

・貴館における移動図書館活動の評価について, 該当する主要な選択肢に〇印をお願いします。複数選択可です。

5-3. 貴館における移動図書館運営の課題

・現在, かかえている移動図書館運営上の課題について, 該当する選択肢に〇印をお願いします。複数選択可となります。
・自由記述欄が少ないため, 別紙(書式自由)になりましても構いません。

5-4.これからの移動図書館の可能性・展望

・該当する選択肢に〇印をお願いします。複数選択可となります。
・自由記述欄(これから移動図書館にて実践したいこと)にも具体的にご記入をお願いいたします。記述欄が少ないため, 別紙(書式自由)になりましても構いません。

以　上

(5) 【対象2】回答票

移動図書館実態調査 回答票 （2023年6月30日(金)締切）

都道府県・市町村名	図書館名・施設名 分館名も含めてお書きください。	記入ご担当者
人口(2022年4月) 　　　人	面積 　　　Km²	Email

図書館(図書室)の運営方法 ○印にて1つご選択ください。
1.直営(施設管理、清掃、警備の委託を含む)　2.指定管理者(営利企業による)　3.指定管理者(NPO法人等の非営利法人による)　4.PFI方式
5.カウンター業務や閲覧業務等の一部業務委託　6.その他:

*回答票ご記入にあたって、「回答票記入の手引き」もご参照ください。大枠内が回答記入欄になります。
*可能でしたら、図書館車のお写真の同封もお願いいたします。

I. 移動図書館(自動車図書館)の運営

1-1 保有する図書館車

保有台数 　　　台　　左記のうち、特種用途自動車(8ナンバー車)の場合は、B,C,D欄へもご記入ください。
運行開始年度 *合併以前の旧市町村も含めた開始年度 　　　年度

1-2 図書館車の詳細 （1台所有の場合はA欄に、複数台所有の場合は、B,C,D欄へもご記入ください。）

No	愛称・号車	製作年度	製作費 万円	メーカー・車名	積載量	定員(人)	車体種別 *以下から1つ選択 1.マイクロバス、2.トラック、3.バス、4.ルートバン、5.ライトバン、6.軽車	積載冊数(冊数)	児童書の割合(%)	車内書架の有無	車外書架の有無	年間出動日数(2022年度)	年間走行距離(2022年度)
例	ひまわり号 1号車	2011	750	いすゞ エルフ	2トン	3	1 ②3 4 5 6	1,500	60	有	有	○日	○○km
A							1 2 3 4 5 6						
B							1 2 3 4 5 6						
C							1 2 3 4 5 6						
D							1 2 3 4 5 6						

1-3 移動図書館の運営状況 （上記設問1-2のAからDの各図書館車について記入ください。）

No	移動図書館の運営方法 *以下から1つ選択 1.直営 2.全て委託(指定管理者含む) 3.運転のみ委託 4.運転と図書館車管理のみ委託 5.その他(詳細記入)	運転手を含む1巡回の同行人数 (うち、司書資格者)	図書館車の運転手 *以下から1つ選択 1.図書館員(正規・非正規雇用) 2.嘱託(直接雇用) 3.委託 4.指定管理者(雇用スタッフ) 5.指定管理者(委託) 6.その他(詳細記入)	図書館車の特色装備 *以下から複数選択可 1.液晶モニター、2.Wi-Fi、3.LTEなどのオンライン環境、4.昇降機、5.太陽光(ソーラー)、6.発電機、7.ハイブリッド車、8.電気自動車、9.放送設備(スピーカー・マイク)、10.その他
例	①2 3 4 5(	2人 (1人)	1 ②3 4 5 6(	1 2 ③4 5 6 7 8 ⑨10(
A	1 2 3 4 5(	人(人)	1 2 3 4 5 6(	1 2 3 4 5 6 7 8 9 10(
B	1 2 3 4 5(	人(人)	1 2 3 4 5 6(	1 2 3 4 5 6 7 8 9 10(
C	1 2 3 4 5(	人(人)	1 2 3 4 5 6(	1 2 3 4 5 6 7 8 9 10(
D	1 2 3 4 5(	人(人)	1 2 3 4 5 6(	1 2 3 4 5 6 7 8 9 10(

Ⅱ. 移動図書館（自動車図書館）の巡回

2-1 定期巡回：ステーション、巡回、駐車時間

ステーション数 *複数台の図書館車がある場合は合計値	巡回あたり平均ステーション数	巡回周期 *以下から1つ選択 ①月に1回、②2週間に1回、③1週間に1回、④その他（詳細記入）	土日の巡回 *以下から1つ選択 ①土曜あり、②土曜あり、③日曜あり、④土日なし	ステーションでの標準的な駐車時間	ステーションでの最長・最短の停車時間	雨天時の巡回の有無	早朝巡回の有無（9:00以前）	夜間巡回の有無（18:00以降）
例） 35 ヶ所	4 ヶ所（ ）	① ② ③ ④（ ）	① ② ③ ④	約 30 分	最長：45分 最短：15分	有・無	有・無	有・無
ヶ所	ヶ所（ ）	① ② ③ ④（ ）	① ② ③ ④	約 分	最長： 分 最短： 分	有・無	有・無	有・無

2-2 定期巡回先 （該当する選択肢に○印、複数選択可）

1.公園	2.社寺	3.集会所	4.公営・公社団地	5.社宅・寮・官舎	6.民間分譲マンション	7.市役所・町役場・支所
8.公民館・社会教育館	9.博物館・美術館・資料館	10.文化センター・ホール	11.JA・農協	12.大学・短大・専門学校	13.幼稚園・保育園	14.小学校
15.中学校	16.高等学校	17.特別支援学校	18.学童保育	19.子ども食堂	20.障がい者施設	21.高齢者施設
22.刑務所、少年院、矯正施設	23.児童相談所	24.会社・オフィス街	25.工場・工業団地	26.病院・診療所・歯科医院	27.ショッピングセンター	28.個人商店、理美容店
30.道の駅・ドライブイン	31.鉄道駅・駅前	32.バスターミナル・バス停	33.銭湯、温泉、公衆浴場	34.その他：		

*上記のほか、定期巡回先の特徴がありましたらお書きください。

2-3 移動図書館の広報・音楽

移動図書館の広報手段 *該当する選択肢に○印（複数選択可）

1.自治体の広報紙	2.回覧板	3.SNS	4.Webページ
5.案内チラシ	6.図書館報	7.看板・掲示板	8.その他：

ステーション到着前、巡回時に音楽を流しますか	→どのような音楽ですか *いずれか1つ選択
はい / いいえ →はいの場合、右記の設問へ	1.オリジナルの作曲 →曲名： 2.既発表（市販）の曲 →曲名：

2-4 定期巡回：ステーションの運営

ステーションマスター（駐車場主任）の有無	移動図書館友の会等（利用者組織）の有無	→「有」の場合、組織の名称や活動内容	ステーションでの住民のボランティアの有無	→「有」の場合、組織の名称、具体的な活動内容
無・有 →有の場合右記へ	無・有 →有の場合右記へ		無・有 →有の場合右側へ	

2-5 イベント等への臨時出動（2020-2022年度）*コロナ禍の臨時的活動については本票のⅣにて質問いたします。

臨時巡回の有無	臨時巡回の回数（2020年度） →具体的なイベント名・活動内容	臨時巡回の回数（2021年度） →具体的なイベント名・活動内容	臨時巡回の回数（2022年度） →具体的なイベント名・活動内容
無・有 →有の場合右記へ	回	回	回

裏面へ

Ⅲ. 巡回先での活動, 積載資料

3-1. ステーション・巡回先での貸出冊数

貸出冊数 (2021年度)	左記のうち児童図書	貸出冊数 (2022年度)	左記のうち児童図書	ステーションでの最多貸出冊数 (1巡回あたり、2022年度)	ステーションでの最少貸出冊数 (1巡回あたり、2022年度)
冊	冊	冊	冊	冊	冊

3-2. 図書館車への積載資料 （該当する選択肢に○印、複数選択可）

1. 一般図書	2. 文庫本
7. 布の絵本	8. 紙芝居
14. DVD、ブルーレイディスク	15. 大活字本
20. 雑誌	21. マンガ・コミック
26. 図書館利用案内(配布用)	27. パスファインダー(配布用)

3. 外国図書(一般図書)	4. 絵本	5. 外国絵本	6. 大型絵本
9. ビデオテープ(VHS)	10. CD	12. カセットテープ	13. オーディオブック
16. LLブック	17. 点字資料・デイジー資料	18. 地域行政資料	19. 新聞
22. 参考図書、レファレンスブック	23. 地図	24. タブレット端末(閲覧・貸出用)	25. ノートPC(閲覧・貸出用)
28. 図書館報(配布用)	29. 移動図書館利用案内(配布用)	30. 移動図書館情報(配布用)	31. イベント案内(配布用)

* 上記のほか、積載資料で特徴があればお書きください。

3-3. 移動図書館用の資料・経費

図書館車への積載資料について（以下に○印）	移動図書館用図書・年間購入図書冊数 (2022年度実績)	図書館の年間購入図書冊数 (移動図書館を含む:2022年度)	移動図書館用図書・年間図書購入費 (2022年度実績)	図書館の年間図書購入費 (移動図書館を含む:2022年度)
1. 原則に移動図書館専用（専用図書館として登録） 2. 館内資料・移動図書館用資料の区分は無し 3. 移動図書館専用資料と、館内専用資料との混在 4. その他（　　　　　）	* 本館・分館等を含めた合計値 ・購入図書冊数（　　　冊　） 　→うち児童書（　　　冊　） * 区分できない場合は「不明」と記載	* 本館・分館等も含めた合計値 　　　　冊	* 本館・分館等を含めた合計値 ・購入費（　　　万円　） 　→うち児童書（　　　万円　） * 区分できない場合は「不明」と記載	* 本館・分館等も含めた合計値 　　　　万円

3-4. ステーション・巡回先での貸出方法 （該当する選択肢に○印:1つ選択）

1. ブラウン式	2. PC接続・バーコードリーダー (オフライン)	3. PC接続・バーコードリーダー (オンライン)	4. ハンディターミナル (オフライン)
5. ハンディターミナル (オンライン)	6. PC接続・ICチップ (オフライン)	7. PC接続・ICチップ (オンライン)	8. その他:

3-5. ステーション・巡回先での図書館サービス・環境整備 （該当する選択肢に○印、複数選択可）

1. 貸出	2. 返却	3. 予約・リクエストサービス	4. 読書案内	5. レファレンスサービス	6. おはなし会・読み聞かせ
7. 読書会・講演会	8. 映画会	9. ワークショップ	10. 回想法	11. 図書館利用ガイダンス	12. 茣蓙(ござ)、シートを敷く
13. POPの展示	14. 特集図書コーナーの設置	15. 閲覧用・机や椅子の設置	16. OPAC検索(端末の用意)	17. インターネット閲覧(端末の用意)	18. ブックトラック・書棚の設置(約　　冊)

* 上記のほか、巡回先での活動があればお書きください。

Ⅳ. コロナ禍の巡回

4-1. 2020年度から2022年度までの巡回について

2020年度		2021年度		2022年度	
臨時巡回	巡回上の特徴	臨時巡回	巡回上の特徴	臨時巡回	巡回上の特徴
該当する選択肢に○印、複数選択可		該当する選択肢に○印、複数選択可		該当する選択肢に○印、複数選択可	
1. 巡回中止の期間があった。		1. 巡回中止の期間があった。		1. 巡回中止の期間があった。	
2. 図書館は閉館であっても移動図書館は巡回した期間があった。		2. 図書館は閉館であっても移動図書館は巡回した期間があった。		2. 図書館は閉館であっても移動図書館は巡回した期間があった。	
3. 臨時巡回を実施した。		3. 臨時巡回を実施した。		3. 臨時巡回を実施した。	
4. 巡回中止せずに継続した。		4. 巡回中止せずに継続した。		4. 巡回中止せずに継続した。	
5. その他( )		5. その他( )		5. その他( )	

4-2. 貴館における「新型コロナウイルス感染症対応地方創生臨時交付金」の活用について (移動図書館を対象として) (該当する選択肢に○印、複数選択可)

1. 図書館車の新規購入 (開始年　　　年)	2. 図書館車の更新 (更新年　　　年)	3. 図書館館内資料の充実・改造	4. 移動図書館用資料の充実	5. 該当なし	6. その他:

Ⅴ. 移動図書館活動の取り組み (移動図書館有無にかかわらず回答いただきます。)

5-1. 貴館における移動図書館の主要な目的 (該当する選択肢に○印、複数選択可)

1. 読書地へのサービス	2. 図書館(建物)の代替	3. 図書館のPR・図書館利用の促進	4. 図書館設置の構想の醸成	5. 高齢者・福祉施設等へのアウトリーチサービス
6. 管内への全域サービス・図書館網構築	7. 学習権・知る権利・情報アクセスの保障	8. 読書の推進	9. 住民の居場所づくり・見守り	10. その他:

5-2. 貴館における移動図書館の評価 (該当する選択肢に○印、複数選択可)

1. 地域社会に必要不可欠な活動である	2. 台数的、ステーション数を増加したい	3. 可能性を秘めている	4. 現状のまま継続する	5. 改善の余地がある
6. 図書館運営にとって重荷である	7. 台数の減、ステーション数を減らさない	8. 時代遅れの活動である	9. 将来的に廃止する方向性・予定	10. その他:

5-3. 貴館における移動図書館運営の課題 (該当する選択肢に○印、複数選択可)

1. 運転手の確保・育成	2. 移動図書館担当者の確保・育成	3. 図書館車の管理・メンテナンス・故障	4. 移動図書館費の確保・削減	5. ステーション廃止への対応
6. ステーション新設・増設の調整	7. 巡回ルート・巡回日の見直し・再検討	8. ステーションでの車の駐車場所・位置	9. 図書費の確保・削減、新刊書の確保	10. 利用者数の減少・利用者の固定化
11. 地域住民・利用者の理解	12. 行政・議会・議員の理解	13. 運行マニュアルの整備・更新	14. 廃止(台数減を含む)の時期・周知方法	15. 貸出等のオンライン化(Wi-Fi, LTE等)
16. 図書館車更新のノウハウ	＊上記のほか、移動図書館の課題がありましたら自由にお書きください:			

5-4. これからの移動図書館の可能性・展望 (該当する選択肢に○印、複数選択可)

1. 山間地等の過疎地へのサービスの確保・支援	2. 移動図書館担当者の確保・育成	3. 保育園・幼稚園・小中学校への巡回強化	4. イベントやお祭りなどへの臨時巡回	5. 商業施設・駅・バスターミナル等への巡回
6. 外国籍住民への巡回・支援	7. 福祉施設・社会的弱者への巡回	8. 民間の行政機関・部署との連携	9. 図書館車の装備・機能の充実	10. 積載資料の充実・排架方法の工夫
11. 利用者の組織化、地域団体への接近	12. 住民の居場所づくり	13. 住民(高齢者等)の見守り	14. 災害・被災地支援・そのための装備	15. 巡回先の図書館サービスの充実・拡充
16. 路線バスやタクシーとの連携	17. 自動車両の転換	18. 電気自動車への転換	19. AIによる巡回ルート設定	20. 電子資料と閉架端末・通信環境の整備

★移動図書館の可能性や、これからの移動図書館へのお考え・具体的に実践してみたいことなどご自由にお書きください。

ご協力ありがとうございました。

資料編

(6) 【対象2】ご協力のお願い（督促）

全国移動図書館実態調査　ご協力のお願い

前略

　平素は格別のご高配を賜り，厚く御礼申し上げます。

　2023 年 3 月に「全国移動図書館実態調査へのご協力のお願い」（6 月 30 日締）を郵送させていただきました。年度末のお忙しい時期にも関わらず，突然のお願いとなりましたこと，大変失礼いたしました。

　7 月 11 日時点にて回答票が未着の図書館様へ，再度ご回答のお願いをさせていただきます。その間に回答票をご投函いただいた図書館様におきましては，行き違いとなります失礼をご容赦ください。

　お忙しい中，大変ご迷惑をおかけいたしますが，8 月 7 日（月）までにご投函いただきますと幸いです。

　現在，全国各地の多くの図書館様よりご回答をいただいております。多くの図書館様のご協力をいただきながら，全国の移動図書館の実態を整理させていただきまして，今後の課題や展望への検討に結びつけることができればと考えております。

　調査につきましてご不明な点がございましたら，以下の連絡先までお問合せいただけますでしょうか。皆様にご負担をおかけしてしまいますが，調査へのご協力を重ねてよろしくお願い申し上げます。

早々

2023 年 7 月 19 日

十文字学園女子大学　教育人文学部　文芸文化学科
　石川　敬史（図書館学研究室）
　〒352-8510　埼玉県新座市菅沢 2-1-28
Email: takashii@jumonji-u.ac.jp

2. 調査結果付録

(1) 移動図書館愛称一覧

＊分館や分室等の館名は省略した場合もある。

＊「自動車文庫」,「自動車図書館」,「移動図書館車」,「BM」,「図書館バス」などの名称や,「なし」などの回答については省略した。

＊1号,2号の号車等についてはそのまま掲載したほか,「未設置」についても愛称のある自動車を掲載した。

県立図書館	
福島県立図書館　あづま号	
政令指定都市立図書館	
仙台市民図書館　ひろせ号	仙台市民図書館　わかば号
仙台市民図書館　わかくさ号	千葉市中央図書館　いずみ号
横浜市中央図書館　はまかぜ1号	横浜市中央図書館　はまかぜ2号
横浜市中央図書館　たちばな号	川崎市立宮前図書館　たちばな号
静岡市立中央図書館　ぶっくる	浜松市立城北図書館　よむに〜1号
浜松市立城北図書館　よむに〜2号	浜松市立天竜図書館　ぶっくる
名古屋市鶴舞中央図書館　みなみ号	名古屋市鶴舞中央図書館　なごや号
京都市中央図書館　こじか号	大阪市立中央図書館　まちかど1号
大阪市立中央図書館　まちかど2号	堺市立中央図書館　くすのき号
神戸市立中央図書館　みどり号	岡山市立中央図書館　あおぞら1号
岡山市立中央図書館　あおぞら2号	岡山市立中央図書館　あおぞら3号
岡山市立中央図書館　あおぞら5号	広島市立中央図書館　ともはと号
熊本市立図書館　ひまわり号	
市立図書館	
旭川市中央図書館　ときわ号	旭川市中央図書館　あさひ号
市立小樽図書館　わくわくブック号	北広島市図書館　くまさん号
北見市立端野図書館　せせらぎ号	北見市立留辺蘂図書館　ブックン
北見市立常呂図書館　はまかぜ号	釧路市中央図書館　図書館バス
釧路市中央図書館　よむよむ	市立士別図書館　ヨムヨム号
千歳市立図書館　ブッくん	苫小牧市立中央図書館　とまチョップ図書館号
根室市図書館　大地みらい号・あすなろIV	登別市立図書館　こぐま号
函館市中央図書館　ともしび号	深川市立図書館　らんらん号
室蘭市図書館　ひまわり号	稚内市立図書館　ぶっくくん
青森市民図書館　はまなす号	八戸市立図書館　はちのへ号
弘前市立弘前図書館　はとぶえ号	むつ市立図書館　ブックラン♪
一関市立一関図書館　わかくさ号	一関市立大東図書館　なぎさ号
一関市立東山図書館　やまゆり号	奥州市立胆沢図書館　いぶき号
大船渡市立図書館　かもしか号	北上市立中央図書館　ともしび号
久慈市立図書館　ぎんなん号	久慈市立山形図書館　しらかば号
遠野市立図書館　やまどり号	二戸市立図書館　かっこう号
花巻市立花巻図書館　ぎんが号	花巻市立大迫図書館　あやめ号
花巻市立石鳥谷図書館　ぽら〜の号	花巻市立東和図書館　あやめ号
宮古市立図書館・なぎさ号	宮古市立図書館　うぐいす号
盛岡市立図書館　こずかた1号車	盛岡市立図書館　こずかた2号車
盛岡市都南図書館　わかば号	陸前高田市立図書館　はまゆり号

陸前高田市立図書館　やまびこ号	角田市図書館　かしの木号
栗原市立図書館　ブックる号	気仙沼図書館　おおぞら　五世
気仙沼市本吉図書館　おひさま号	塩竈市民図書館　プクちゃん号
秋田市立中央図書館明徳館　イソップ号	大館市立栗盛記念図書館　おおとり号
鹿角市立立山文庫継承十和田図書館　あおぞらぶっく号	新庄市立図書館　かやの木号
鶴岡市立図書館　やまびこ号	村山市立図書館　はやま号
会津若松市立会津図書館　あいづね号	いわき市立いわき総合図書館　いわき号
いわき市立勿来図書館　しおかぜ	白河市立大信図書館　たいしんの本屋さん
須賀川市中央図書館　うつみね号	二本松図書館　まつかぜ号
福島市立図書館　しのぶ号	小美玉市小川図書館　ふれあい号
つくば市立中央図書館　おひさま号1号車	つくば市立中央図書館　あおぞら号2号車
つくば市立中央図書館　3号車	日立市立記念図書館　移動図書館「たかすず号」
小山市立中央図書館　せきれい	佐野市図書館　ひまわり号
沼田市立図書館　あかつき号	入間市立図書館　やまばと号
川口市立中央図書館　あおぞら号	行田市立図書館　よしきり号
行田市立図書館　たびりん号	熊谷市立熊谷図書館　さくら号
越谷市立図書館　しらこばと号1号車	越谷市立図書館　しらこばと号2号車
狭山市立中央図書館　さみどり号	秩父市立秩父図書館　しばざくら号
飯能市立図書館　みどり号	本庄市図書館　ほきいち号
我孫子市民図書館湖北台分館　そよかぜ号	君津市立中央図書館　ひまわり号
館山市図書館　わかしお号	東金市立東金図書館　ドリーム・ライブラリー「ふれあい号」
船橋市西図書館　まつかぜ号	八街市立図書館　ひばり号
四街道市立図書館　ドリーム号	日野市立中央図書館　ひまわり号
町田市立堺図書館　そよかぜ号1号車	町田市立さるびあ図書館　そよかぜ号2号車
町田市立さるびあ図書館　そよかぜ号3号車	三鷹市立図書館　ひまわり号・5号車
厚木市立中央図書館　わかあゆ号	座間市立図書館　ひまわり号
三条市立図書館　ひまわり号	長岡市立中央図書館　米百俵号2号車
長岡市立中央図書館　米百俵号ミニ	富山市立図書館　よまんまいかー2号
富山市立図書館　よまんまいかー3号	氷見市立図書館　のぞみ号
金沢市立玉川図書館　なかよし号	小松市立図書館・南部図書館　みどり号
七尾市立図書館　本はともだち号	白山市立松任図書館　のびのび号
福井市立図書館　あじさい号	福井市立みどり図書館　フェニックス号
上野原市立図書館　ライブラリー車	市立飯山図書館　ゆきつばき号
上田市立上田図書館　やまびこ号	上田市立丸子図書館　あおぞら号
佐久市立中央図書館　草笛号	長野市立南部図書館　いいづな1号
長野市立南部図書館　いいづな2号	長野市立南部図書館　いいづな3号
各務原市立中央図書館　さつき号	可児市立図書館　ひまわり号
伊東市立伊東図書館　ともだち号	掛川市立中央図書館　おおぞら号
掛川市立大東図書館　コスモス号	菊川市立図書館　なかよし2号
御殿場市立図書館　ライオンズ号	沼津市立図書館　ひまわり号
富士市立中央図書館　ふじ号（青）	富士市立中央図書館　ふじ号（赤）
富士市立中央図書館　ふじ号（旧）	藤枝市立岡出山図書館　ふじのはな号
富士宮市立中央図書館　ひばり号1号車	富士宮市立中央図書館　ひばり号2号車
三島市立図書館　ジンタ号	愛西市中央図書館　めぐりん
田原市中央図書館　いずみ号	田原市渥美図書館　やしの実号
四日市市立図書館　かもめ号	四日市市立図書館　みなと号
大津市立図書館　さざなみ号	大津市立和邇図書館　ミッケル号

草津市立図書館　わかくさ号	東近江市立八日市図書館　いきいき本の元気便
彦根市立図書館　動く図書館たちばな号	京田辺市立中央図書館　かんなび号
池田市立図書館　さつき号	泉佐野市立中央図書館　ルリビタキ
茨木市立中央図書館　ともしび号	貝塚市民図書館　ひまわり号
交野市立倉治図書館　ブンブン号	河内長野市立図書館　きく1号
岸和田市立図書館　なかよし号	泉南市立図書館　かしのき号
豊中市立岡町図書館　とよ1ぶっくるとよ1	富田林市立中央図書館　つつじ号IV号
寝屋川市立中央図書館　おきがる号	阪南市立図書館　ふれあい号
東大阪市立永和図書館　キキョウ号	東大阪市立永和図書館　ウメ号
枚方市立中央図書館　ひなぎく号	枚方市立中央図書館　カワセミ号
箕面市立中央図書館　みどり号	明石市立図書館　めぐりん
明石市立図書館　くるりん	三田市立図書館　ひだまり号
宍粟市立図書館　ささゆり号	宝塚市立中央図書館　すみれ号
姫路市立城内図書館　しろかげ号	香芝市民図書館　ぶっくる号
奈良市立中央図書館　ならまち号	奈良市立中央図書館　あおぞら号
田辺市立図書館　やまびこ号	田辺市立図書館　べんけいIII世号
橋本市図書館　ブッキー号	和歌山市民図書館　くすのき号
和歌山市民図書館　ほんわか号	鳥取市立中央図書館　ふれあい号
鳥取市立中央図書館　なかよし号	鳥取市立中央図書館　こだま号
鳥取市立用瀬図書館　やまなみ号	鳥取市立気高図書館　つばさ号
米子市立図書館　つつじ号	江津市図書館　図書館号
松江市立中央図書館　本のかけはし だんだん号	井原市立図書館　さくら号
笠岡市立図書館　かぶとがに号	倉敷市立図書館　ファミリー号
倉敷市立図書館　てまり号	倉敷市立図書館　マビッ子笑顔図書館号
瀬戸内市民図書館　せとうちまーる号	総社市立図書館　せっしゅう文庫
津山市立図書館　ぶっくまる	新見市立中央図書館　わかくさ号
真庭市立中央図書館　ブックるんまにわ	美作市立作東図書館　ぶっくる号
尾道市立中央図書館　なかよし号	尾道市立因島図書館　しまなみ文庫号
市立竹原書院図書館　わかたけ3号	はつかいち市民大野図書館　たんぽぽ号
東広島市立中央図書館　としょまる2号	東広島市立黒瀬図書館　としょまる1号
福山市中央図書館　のぞみ号	府中市立図書館　ドリーム号
三次市立図書館　ころぶっくる号	岩国市中央図書館　いわくにし じどうしゃとしょかん
岩国市周東図書館　ももにゃん	下松市立図書館　あおぞら号
下関市立中央図書館　ブックル	周南市立中央図書館　やまびこ号
周南市立中央図書館　やまびこ号ジュニア	長門市立図書館　ぐるブック号
萩市立萩図書館　わくわく号	萩市立須佐図書館　まなぼう号
防府市立防府図書館　わっしょい文庫	山口市立中央図書館　ぶっくんグリーン号
山口市立阿東図書館　ぶっくんブルー号	阿南市立那賀川図書館　ひまわり号
徳島市立図書館　いずみ号	鳴門市立図書館　こうのとり号
三好市中央図書館　あおぞら号	坂出市立大橋記念図書館　なかよしブックン
高松市中央図書館　ララ号	高松市中央図書館　ララ2号
高松市中央図書館　ララ3号	丸亀市立中央図書館　かめまる号
今治市立中央図書館　ぶっくる	新居浜市立別子銅山記念図書館　青い鳥号
東温市立図書館　かぼちゃん号	松山市立中央図書館　つばき号1号
松山市立中央図書館　つばき号2号	松山市立中央図書館　つばき号3号
松山市立中央図書館　つばき号4号	八幡浜市立市民図書館　サルビア号
高知市立市民図書館　たんぽぽ1号	高知市立市民図書館　たんぽぽ2号

朝倉市あさくら図書館　おひさま号	大野城まどかぴあ図書館　わくわく号
小郡市立図書館　しらさぎ号	嘉麻市立図書館　てんとう虫号
久留米市立中央図書館　グリーン号	田川市立図書館　いずみ号
太宰府市民図書館　すくすく号	筑紫野市民図書館　つくしんぼ号
八女市立図書館黒木分館　ゆめみらい号	八女市立図書館立花分館　ほんの森ぶっくるん
八女市立図書館星野分館　走る夢のぶっくらんど号	リブリオ行橋（行橋市図書館）　ゆっくん
伊万里市民図書館　ぶっくん1号	伊万里市民図書館　ぶっくん2号
佐賀市立図書館　ブーカス号	諫早市立諫早図書館　どんぐり号
諫早市立たらみ図書館　本吉	雲仙市図書館　ラブックン号
佐世保市立図書館　はまゆう号	天草市立中央図書館　きらきらいるか号
天草市立河浦図書館　いるか号	荒尾市立図書館　よむよむくん
宇城市立図書館　うきうき号	上天草市立中央図書館　おおぞら号2号車
合志市西合志図書館　ひまわりどんちゃん号	玉名市図書館　たまきな号
人吉市立図書館　さわやか号	山鹿市立ひだまり図書館　ぐるりん号
山鹿市立ひだまり図書館　おれんじ号	宇佐市民図書館　ほんの森号
宇佐市民図書館院内分館　ほんの夢号	佐伯市立佐伯図書館　こぐま号1号
佐伯市立佐伯図書館　こぐま号2号	津久見市民図書館　パステルアスター号
中津市立小幡記念図書館　ハローブック号	中津市立耶馬渓図書館　ハローブック号
中津市立三光図書館　ハローブック号	別府市立図書館　ゆのまち別府の移動図書館車
えびの市民図書館　ブックランド号	延岡市立図書館　ふくろう号
延岡市立図書館北川分館　せせらぎ号	都城市立図書館　くれよん号
宮崎市立図書館　みどり号	姶良市立中央図書館　あいあい号
出水市立図書館　いずみ号	鹿児島市立図書館　わかくさ号
鹿児島市立図書館　こすもす号	霧島市立国分図書館　しろやま号
霧島市立国分図書館　しろやま号2号車	霧島市立隼人図書館　すずかけ号
薩摩川内市立中央図書館　ドリームかっぱ号	薩摩川内市立中央図書館　くーちゃん号
薩摩川内市立図書館下甑分館　かのこゆり号	曽於市立図書館　さんぺい1号車
曽於市立図書館　さんぺい2号車	西之表市立図書館　あおぞら2号
南九州市立図書館　さくら号	石垣市立図書館　こっかあら号
糸満市立中央図書館　くろしお号	浦添市立図書館　としょまる
沖縄市立図書館　ちえぞう君	宜野湾市民図書館　ちゅらゆめ号
名護市立中央図書館　かじまる号	宮古島市立図書館　みらい号Ⅲ
宮古島市立図書館　夢の光号Ⅱ	

町村立図書館	
厚沢部町図書館　あすなろ号	浦河町立図書館　うらら号
江差町図書館　かもめ	枝幸町立図書館　おおぞら号
遠軽町図書館生田原図書館　やまなみ号	興部町立図書館　まきば号
長万部町図書館・学習文化センター　あやめ号	佐呂間町立図書館　あおぞら号
鹿追町図書館　バンビ号	標茶町図書館　ともしび号
白老町立図書館　ななかまど号	新得町図書館　かりかち号
新ひだか町図書館　本馬くん家	大樹町図書館　かしわ号
別海町図書館　はくちょう号	幕別町図書館　スワディ号
羅臼町図書館　かもめ号	一戸町立図書館　そよかぜ号 ミニ
岩泉町立図書館　かもしか号	岩手町立図書館　おおぞら号
金ヶ崎町立図書館　まなびい	紫波町立図書館　かたくり号
洋野町立種市図書館　テトラパック号	洋野町立大野図書館　ひばり号
加美町中新田図書館　ぽのぽの号	南三陸町図書館　たんぽぽ号
河北町立中央図書館　べにばな号	富岡町図書館　富岡町図書館移動図書館

矢祭もったいない図書館　おはなしキャラバンカー	野木町立図書館　ひまわり号
壬生町立図書館　ゆうがお・みぶ	伊奈町立図書館　ブックシャトル
小川町立図書館　せせらぎ号	毛呂山町立図書館　カローラ
寄居町立図書館　たまよど号	檜原村立図書館　やまぶき号
聖籠町立図書館　ふれあい文庫	阿南町立図書館　ふれあい号
飯島町図書館　いいちゃん号	高森町立図書館　きんもくせい号
辰野町立辰野図書館　なかよし ほたる号	箕輪町図書館　ドリーム号
多賀町立図書館　さんさん号	精華町立図書館　あおぞら号バーバパパ
猪名川町立図書館　イナくるっと号	有田川町立金尾図書館　コスモス号
日野町図書館　ぴの号	八頭町立郡家・船岡・八東図書館　やずっこ号
若桜町立わかさ生涯学習情報館　ムーブック	吉賀町立図書館　みたい号
安芸太田町立図書館　やまびこ号	田布施町立田布施図書館　ほほえみ
久万高原町立図書館　やまびこ号	苅田町立図書館　ふれあい号
みやこ町図書館勝山分室　にこにこ号	新上五島町立中央図書館　ぐりぐら号
新上五島町立中央図書館　やまびこ2	長与町図書館　ほほえみ号
大津町立おおづ図書館　みらい号	山都町立図書館　わくわく号
瀬戸内町立図書館・郷土館　かけはし号	徳之島町立図書館　ハイビスカス号
与論町立図書館　くじら号	
公民館図書室等	
今金町民センター図書室　ブックン	新冠町レ・コード館図書プラザ　アニマル号
猿払村農村環境改善センター図書室　なかよし号	葛巻町公民館図書室　やまどり号
西和賀町川尻図書室　太田図書室　みどり号	大玉村あだたらふるさとホール　あだたら号
益子町中央公民館図書室　とっくん号	富津市移動図書館車，中央公民館，富津公民館，市民会館図書室　さくら号
箱根町社会教育センター図書室　きつつき号	津南町公民館図書室　ひまわり号
川根本町文化会館図書室　山村開発センター図書室　やまびこ号	石井町中央公民館図書室　ふじっこ2号
五ヶ瀬町教育委員会図書室　ごかせブックライン KITORASU	伊仙町中央公民館図書室　はこぶっく KUKURU
屋久島町宮之浦図書室　しゃくなげ号	大和村中央公民館　クロウサギ号

(2) 2022 年度のイベント名・活動内容（自由記述）

＊自治体名は匿名とし，政令指定都市立図書館はアルファベット，市町村立図書館等は都道府県
名の記載にとどめた。

＊以下の一覧は抜粋であり，自由記述の内容の語句等を一部修正した箇所もある。

＊自治体名が判明してしまう記述内容もあるが，そのまま掲載した。

	イベント名・内容
政令指定都市立図書館	
A	あかねフェスティバル：展示 大郷市民まつり，PTA フェスティバル（展示，貸出・返却）
B	通町門前市場（図書館の PR 図書の閲覧）
C	鷺沼駅前再開発に伴う賑わい創出計画
D	「西菅田団地ブックフェス」「子どもまつり in 矢向」「金沢区民まつり」等 おはなし会や本の貸出，カード登録
E	山間地小中学校特別訪問 こども園訪問，エスパルスドリームプラザ「はたらくくるま展」など おはなし会・レクリエーションなど
F	出張おはなし会（高齢者施設への訪問読み聞かせ）
G	「自動車図書館がディノにやってきた！」大高緑地・ディノアドベンチャー名古屋との連携。貸出・文字さがしクイズ・工作会 「昭和区民まつり」貸出・文字さがしクイズ
H	「きて！みて！きいて！体も頭もうごかすお楽しみ会」内容，音楽クイズ，読み語り，動作遊びなど
I	「1 キロ防災」図書貸出 「たけべマルシェ」図書貸出，利用者登録，おはなし会 「岡山文学フェスティバル」図書貸出，利用者登録，展示
市立図書館	
北海道	バス訪問見学・利用案内，利用体験（貸出等） 職業体験 たるまえサンフェスティバル，勇払公民館祭り 「出張！ともしび号」地区図書室に出向き本を貸出 市教委主催 ハロウィンイベントへの出動
青森県	「本のまち八戸ブックフェス」移動図書館車の展示・本の貸出 「移動図書館車「はとぶえ号」1 日開放」→図書館前に停車させ，自由に見学できるようにした 普段巡回しない場所（キッズパーク・市役所本庁舎）へ出向き，BM 夏休み特別運行を実施
岩手県	「5 代目わかくさ号 1 周年記念イベント」車内見学，貸出 ライドオン！やまゆり号…BM 運行 30 年記念イベントでの貸出 東山うれし市…町内マルシェイベントでの貸出
秋田県	「あそびのはじまり 2022」に参加し，本の展示，貸出を実施，市立図書館の利用を促進 旬食フェスタ「道の駅おおゆ DE 特別貸し出し」 本の貸出・図書館イベントの告知
山形県	①理科読「Lets.enjoy みずのふしぎ」理科読体験，よみきかせと貸出 ②親子えほんライブラリー ③わらすこワンダーランド おすすめ絵本の紹介＆貸出，よみきかせ

	地区親子読書会，育児講演会
福島県	「大町通り秋の歩行者天国」での貸出
	二本松市絵本フェスティバル
	(1) イベント名「あきいち 2022」（駅前商店街主催）
	活動内容：移動図書館開館
	(2) イベント名「移動図書館 in NIKO パーク」（NIKO パーク：公設民営の子どもの遊び場）
	活動内容：移動図書館開館，読み聞かせ
	(3) イベント名「中央図書館に移動図書館がやってくる」（中央図書館主催）
	活動内容：移動図書館開館
茨城県	美野里公民館図書室まつり
	「谷田部市街地のオータムフェア」
	ひたち秋祭り，としょかんまつり
埼玉県	中学校での利用教室を開催した
	「はちまんマルシェ」本の貸出，読み聞かせ，DVD の上映等
千葉県	①st のショッピングセンター運営会社のイベント
	②学童への夏休み貸出×2 回（2 校）
	③図書館主催読書講演会
	夏休み中，希望のあった学童施設への巡回
	BM 小学校訪問とブックトーク
東京都	実践女子大学常磐祭
	幼稚園・保育園・子どもセンター・学童保育クラブ
	冒険遊び場前（芹ケ谷公園）
	星空シバヒロピクニック（町田シバヒロ）
	つながりマルシェ（芹ケ谷公園）
	本でつながるフェスタ（鶴川団地）
	※上記活動内容は，すべて本の貸出，おはなし会，紙芝居などを行う
新潟県	新図書館オープニングプレイベント
	米百俵号ブックカーニバル（10 回），雪しか祭り等（13 回）
石川県	カーフリーデー，動物愛護フェスティバル
	クリスマスヴィレッジ（貸出，読み聞かせ）
	小学校の遠足
福井県	出前図書館（夏休み中の児童クラブへの貸出）
	カーフリーデーモビリティマンスふくい 2022（移動図書館乗車体験，工作ワークショップなど）
	一乗谷あさくら水の駅「わくわく体験フェスタ」
	清明小学校「じどうしゃずかんをつくろう」学習
長野県	信州ルネッサンス 2022（見学会及び貸出等）
岐阜県	小学校等への出前（見学）
	「マーケット日和」「いつものもしも CARAVAN」でのよみきかせ
静岡県	オープンハウス，生活フェア，図書館まつりウィーク　貸出業務　業務体験など
	「週末の沼津」 中心市街地にある公園で，定期的に開催される飲食・物販のマーケット
	富士のほうじ茶ブランド，マルシェ
	「藤枝ふれあいまつり」 図書館車での書籍の貸し出し，リサイクル本の配布
愛知県	縄文まつり（資料の貸出，返却，新規登録）
三重県	小学校への自動車文庫派遣 （内容）車内の見学・説明，本の貸出，読みきかせ等

滋賀県	瀬田学区秋まつり，自治連合会主催のイベントに出前特別巡回として出動
	えがお ARIGATO フェア 地域のコミュニティセンターで行われたフェアに参加。おはなし会と移動図書館車での本の貸出
京都府	京田辺市民まつり
大阪府	市内幼稚園への派遣事業・園児への貸出体験実施
	出発式＆お披露目貸出 イオンモール日根野「いずみさの図書館フェスタ」臨時貸出
	いばらき×立命館 DAY，茨木フェスティバル，ブックトラベル，環境フェア，アルプラザ茨木への巡回，きらめきフェスタ，IBALAB 広場 図書の貸出返却，図書館クイズ，リサイクル図書配布
	認定こども園等への自動車文庫「ブンブン号」の乗り入れ 夏季の点検期間を活用し，希望する幼保等の園庭に乗り入れ，貸出を行う事業
	自動車図書館特別巡回 ・定期巡回の無い第 5 週を利用した ・定期巡回を行っていない学校・園への巡回
	動く図書館 @ 植物園×2（2021 年度と同じ内容で春・秋 2 回開催）
	子どもの日フェスティバル会場前で新車のおひろめ貸出
	山田池公園フェスティバル 6/4，10/8
	野外活動センターフェスティバル 10/23
	ロハスパーク R5 3/18・19
兵庫県	「森の図書館」「さんふらマルシェ」 　　→夏休み児童クラブ訪問　貸出とおはなし会 デイサービス訪問　貸出
奈良県	学童保育所への夏休み特別巡回
和歌山県	①「はたらく車」貸出・返却 ②和歌山市駅開業 120 年フェスタ　貸出・返却
鳥取県	1 日美歎水源地イベント，駅南活性化イベント，用瀬町ふれあいまつり（文化祭） 「カルチャーフェスティバル」本の貸出
島根県	島根図書館たなばた会，島根大学（3 回），あつまれはたらくくるま 2022 イオン松江（8 回），みどり保育所ミニ文化祭
岡山県	キッズワークゆりいか in せとうち 2022（小学生向けお仕事体験イベント）
	図書館フェスティバル in 勝央図書館 図書館まつり in 旭，in 中央 生涯学習フェスティバル，幼稚園への出張（読み聞かせ，本の貸出）
	・図書館こどもフェスティバル ・おやこでつくろう！絵本とおやつの時間 　　→移動図書館車での貸出
	JR 姫新線×りんくるライン DE エコマルシェ，猫フェス
	文化展（勝田総合支所）での移動図書館車
広島県	竹原市ふくし健康まつり
	NIWASAKI，Park-PFI 連携事業によるイベント
	小学 1 年生オリエンテーション，ハロウィンまつり，保育所訪問
	幼稚園の親子イベント（コロナのため，中止）
山口県	小学校への訪問（2 回） 市役所広場への訪問（3 回）（子育て部局との連携事業）
	キッズフェスタ　車展示，貸出，写真撮影
	はたらく車展，西浦まつり等での BM の PR など
	ゆめ花マルシェ，各地域ごとのまつり，図書館まつり（中央），ぶっくんカフェ

香川県	丸亀町商店街 コープ一宮 垂水運動公園 夢みらい図書館　臨時巡回
愛媛県	せとうちみなとマルシェ
	利用カードの作成，本の貸出，返却
	図書館のイベント広報
	まちかど講座（出前講座）6回，お城下マルシェ（街中イベント）6回
	移動児童館とコラボ1回，愛媛FCスポーツイベント1回
福岡県	移動販売車と共に移動図書館車を運行
	「まどかフェスティバル」
	2日間，BMの展示　うち1日は貸出，返却も行った
	社会教育係主催「はたらく車」集合
	本の貸出，移動図書館車クイズ
	史跡地フードトラック実証実験，フードトラックと共に史跡地で臨時貸出
	くろぎふるさとまつり（11月）
	矢部まつり（11月）
佐賀県	コミュニティセンターまつり
	・移動図書館の展示
	・貸出，返却
	第3回佐賀駅前うまいもん市場（記念写真撮影，キャラクター探しゲーム，リサイクル本配布など）1回
	佐賀駅前広場特別巡回（図書の貸出，返却等サービス）2回
	「市民協働消費生活トークショー」関連本の会場展示・貸出し
長崎県	特別巡回5月・10月・2月
	いさはやマルシェ・はたらくのりもの展
	たらみ市
	こぐまちゃん号（2022.12.2廃車）をかこう！スケッチ大会
	公園de読書
熊本県	イベントへ臨時出動
	令和4年度熊本県立豊野少年自然の家施設開放事業「とよドン家パーク〜秋編〜」
大分県	移動図書館がやってきた！（大分県立図書館主催）移動図書館車展示と読み聞かせ
	はたらく車展示，BM車の展示・読みきかせ
宮崎県	北川町産業文化祭
	オレンジマーケット（雑貨，ハンドメイド，グルメが県内外から集うマルシェ）
鹿児島県	自治会主催の子ども向けおはなし会，市主催の読書推進行事参加，養護学校での見学・閲覧等
	緑陰読書
	おはなし会や本の貸出
	おはなし会スペシャル
沖縄県	市内こども園，公立小中学校への試験的巡回の実施
	沖縄市　生涯学習フェスティバル
	民間の宿泊施設のイベント
町村立図書館	
北海道	七夕まつり（行灯行列，貸出　読み聞かせ），博物館まつり（貸出，読み聞かせ）
	当館主催「こども文化セミナー」
	"けんぶち絵本キャラバン"
	移動図書館車利用体験，R5統廃合学校への巡回を実施
岩手県	ブックスタート事業（保健センターにて図書貸出し）3回
	B&G海洋センター特別巡回（夏休み期間にプール施設での貸出し）2回

宮城県	「秋の読書週間特別企画」日曜運行（4ヶ所）
山形県	町内こども園への訪問
福島県	イベント名：とみおか・いわきふれあいフェスタ 内容：役場いわき支所での地域交流
新潟県	「出張！移動図書館」 町内専門学校で行われるスポーツの試合に合わせて出張 ボランティアによる読み聞かせも実施
長野県	ブックマルシェ（子育て施設や保育園などで絵本をずらりと並べ自由に読むことができる広場を展開し，貸出も行う（BM内より）） 分館お楽しみ会
長崎県	イオンタウン長与駐車場に特別運行
公民館図書室等	
北海道	あおぞら図書館 町内の公園や別施設へ運行，読み聞かせや外遊びと本の貸出を実施
千葉県	富津市中央公民館カフェ 2022年11月27日
鹿児島県	伊仙町文化祭

(3)　新型コロナウイルス感染症への対応（自由記述）：2020-2022 年度

＊自治体名は匿名とし，県立・政令指定都市立図書館はアルファベット，市町村立図書館等は都道府県名の記載にとどめた。

＊以下の一覧は抜粋であり，自由記述の内容を一部整理・修正した箇所がある。

＊自治体名が判明してしまう記述内容もあるが，そのまま掲載した。

	臨時巡回，巡回上の特徴
県立図書館	
A	2020 年度　利用は各団体の判断に委ねた。学校を中心に休止した団体あり（緊急事態宣言中） 乗車人数の制限，マスク着用を要請 2021，2022 年度　乗車人数の制限 マスク着用（〜2023 年 3 月 13 日）
政令指定都市立図書館	
B	2021 年度　一定期間，予約資料のみの貸出と返却受付のみを実施
C	2020 年度　市立図書館全館休館と同期間，巡回を中止 2021 年度　ステーションに近づいて行う放送時に手洗い等の励行を呼びかける内容を加えた。 2022 年度　ステーションに近づいて行う放送時に手洗い等の励行を呼びかける内容を加えた。 4 月から 2 台体制となった。 ステーションも 10 か所増設した。区民祭等への特別運行（臨時巡回）も積極的に行った。
D	2020 年度　4 月中旬から 5 月まで運行を中止 2021，2022 年度　特になし
F	2020，2021，2022 年度 車内の窓を開けて扇風機をまわす，消毒液をおく，車内の人数を 5 人以下にするなど
G	2020 年度　新型コロナウイルスによる臨時休館につき一時運行中止
H	2020 年度　臨時巡回として，児童入所施設へ団体貸出を行った。定期巡回では車内への入口を閉じ，外書架のみの利用とした。
I	2020 年度　京都市図書館全館的に利用サービス縮小や 4 月 18 日から 5 月 22 日までの臨時休館の影響で，利用は減。ステーションとしての場所の使用を断られるケースや，来館を遠慮される団体もあった。状況を考慮し，司書が団体の特性に合わせて選書した資料を団体へ貸出するなど，おうち時間を楽しんでいただくための工夫を行い好評を得た。 2021 年度　京都府の緊急事態宣言発出に伴い，京都市図書館は貸出を予約資料のみとしたが，移動図書館に限りバス内書架も閲覧可とした。できる限り密を避ける等対策を行った上で，巡回を注することなく巡回した。予約冊数も増加し，「必要な資料をインターネットで予約し取り寄せてから来館する」という便利な利用方法が浸透した。 一方で再びの感染者拡大の影響により令和 4 年 1 月に計画していたお楽しみ会を次年度に延期せざるを得なかった。 2022 年度　感染症対策も浸透し，徐々にコロナ禍以前の移動図書館の利用が戻り始めた。 令和 3 年度に延期となったお楽しみ会を令和 4 年 10 月に実施。同時にこじか号見学会も行い，新たな利用者獲得につながった。

資料編

J	2021 年度	予約本のみを渡すため巡回を実施した期間あり
K	2020，2021 年度	図書館の臨時休館に伴い巡回を中止
		老人ホームのみ巡回を中止した期間もあった。
L	2020 年度	4/9～5/31 まで巡回中止
M	2020 年度	中央図書館休館時は運休（職員感染，緊急事態宣言）
	2021 年度	中央図書館休館時は運休（緊急事態宣言，BCP 対応）
	2022 年度	ステーションが 1 箇所（高齢者施設）
		先方の希望により運休

市立図書館

北海道	2020，2021，2022 年度	
		カウンターの前面に透明カーテンを引き，手指消毒アルコールを用意し，車内への人数制限を行ったうえで実施した。マスクを着用し，利用者へも着用の協力をお願いした。
	2020 年度	・人数制限（同時 3 名まで）
		・図書館の臨時休館に合わせ，移動図書館も巡回中止
	2021 年度	・人数制限（同時 3 名まで）
		・本館の貸出返却のみ　館内利用中止の時期は，移動図書館も，貸出返却のみ　車内利用中止
	2022 年度	・人数制限（同時 3 名まで）
		・通常どおり巡回
	2021 年度	予約本の引渡し・返却のみ対応する巡回を行う期間があった。
	2020，2021 年度	図書館の閉館に伴い巡回中止した。
	2020 年度	巡回中の車内換気の徹底や消毒用アルコールの設置を行っていた。また，返却本は消毒してから書架に戻していた。
	2021 年度	2020 年度の取り組みを継続したほか，新たに図書館にブックシャワーが導入され，活用していた。
	2022 年度	2021 年度の取り組みの継続に加え，ステーションの要望に応え場所や形態を変えて貸出を行っていた。
	2020，2021 年度	返却本の受取のみ行う臨時巡回の実施，図書館も閉館
	2022 年度	図書館は開館
	2020，2021，2022 年度	
		・ステーションではドア開放
		・利用（乗車）は 1 名ずつ
青森県	2020 年度	4 月～5 月 11 日まで休止
	2021 年度	9 月，1 月 24 日～2 月 28 日まで休止
		3 月 1 日～3 月 4 日は日程変更
	2020 年度	感染者が増えはじめてからマスク着用・手指消毒のよびかけと換気を徹底しはじめた。2022 年度まで変わらず行っていた。
	2020 年度	手指消毒の徹底及び車内が密にならないように乗車制限を行い，感染予防に努めた。
		図書館休館時は移動図書館車も巡回を中止した。
	2021，2022 年度	手指消毒の徹底及び車内が密にならないように乗車制限を行い，感染予防に努めた。
		図書館休館時は移動図書館車も巡回を中止した。
岩手県	2020 年度	休館や利用制限に合わせて，巡回も中止していた。
	2021 年度	巡回前に学校，施設へ受入可能か毎回確認を行った。
		小学校からの要請で巡回を中止することが多かった。
	2022 年度	学校巡回の際，児童の密をさけるため学年ごとに選書したコンテナを用意した。
		ほとんど中止することなく巡回できた。

	2021 年度	8 月と 2 月中止
	2021 年度	図書館車が中型トラックより軽トラへと更新され積載数が減少した
	2022 年度	ステーション単位で，コロナのクラスター問題あり，多少なりとも影響を受けた。
	2021 年度	学校，施設等から感染拡大のため休止してほしいとの依頼あり，該当ステーションのみ休止した。
	2020，2021，2022 年度	通常の感染対策防止（マスク，消毒等）を講じて実施
	2020，2021，2022 年度	特になし
宮城県	2020，2021，2022 年度 ・貸出期間，貸出冊数の制限を臨時的に緩和 ・アルコール消毒液を設置 ・運転席にビニールカーテンを設置	
	2020，2021，2022 年度 ・車内の人数制限 ・手に取った本は棚に戻さない ・手の消毒	
秋田県	2021，2022 年度	利用者にマスク着用と手指消毒をお願いした。
福島県	2020 年度	4 月 22 日，23 日と 5 月の運行を休止
	2020，2021，2022 年度 ・移動図書館車内への児童，生徒立ち入り不可 ・職員のみでの選書サービス	
	2020，2021，2022 年度	車内に人をいれない
	2020，2021 年度 ・感染症予防対策の実施 ・読みきかせの中止 ・ステーション先の都合（コロナ感染症の流行等）で，協議の上，中止になることがあった。	
	2022 年度	なし
茨城県	2020 年度	計画外の追加運行を 4 日行った。
	2021 年度	感染拡大のため図書館が休館期間を設けたためあわせて運休した。
	2022 年度	巡回先施設で感染拡大し中止を要請されたため，当該施設の巡回日のみ臨時運休とした期間がある。
	2020，2021 年度	図書館が臨時休館した場合は，移動図書館も運行とした。
	2022 年度	特になし
栃木県	2020，2021 年度	対面貸出：1 人 1 人に対応ではなく貸出文庫と称してジャンル単位にセット箱を用意してユニット毎に貸出しをした。
	2022 年度	一部貸出文方を継続する学校もあるが，従前に戻し貸出しを行った。
群馬県	2020 年度	移動図書館車内に入れる人数を制限（大人 2 人，子ども 4 人）返却本は本館に持ち帰り，1 日程隔離
	2021 年度	移動図書館車内に入れる人数を制限（大人 2 人，子ども 4 人）
埼玉県	2020，2021 年度 コロナ対策として図書館で返却された本は消毒及び 24 時間待機時間を置くとしたので返却された本でもすぐに貸出せず，希望があれば，予約してもらい後日，受け渡し	
	2020 年度	返却資料を 3 日間取り置き
	2020 年度	R2.4 月は全中止 5 月から希望する小学校へ巡回再開
	2021 年度	R3.9 月は全中止
	2020 年度	4/21～6/10 までの 31 回分を中止 巡回に当たっては，テーブル 2 台を重ねて並べ利用者との距離を確

資料編

		保するとともに，利用者間でも間隔を取るよう張り紙をした。 また，返却本はその場で除菌した。
	2021 年度	巡回に当たっては，テーブル 2 台を重ねて並べ利用者との距離を確保するとともに，利用者間でも間隔を取るよう張り紙をした。 また，返却本はその場で除菌した。
	2022 年度	巡回に当たっては，テーブル 2 台を重ねて並べ利用者との距離を確保するとともに，利用者間でも間隔を取るよう張り紙をした。
	2020 年度	図書館の休館状況と歩調をあわせた巡回を行った。
	2021，2022 年度	コロナ禍以前と同様の巡回スケジュールでの運用を行った。
千葉県	2020 年度	4，5 月は巡回中止，6 月から固定館に先じて巡回を再開した。
	2021 年度	来館しづらくなった児童のために，交付金で新車を購入して，学校巡回専用で巡回をおこなった。
	2022 年度	通常巡回用の旧輌の不具合が増えたため，学校巡回を統合して一台で運行するようにした。
	2020 年度	巡回は，連休や団体貸出等による代替対応など，巡回先の意向にあわせ，実施した。
	2020 年度	4 月～6 月と 8 月は巡回中止
	2021 年度	8/24～9/30（緊急事態宣言）1/21～3/21（まん延防止等重点措置）の間，中止
	2022 年度	特になし
	2020，2021，2022 年度	3 密を避け，ソーシャルディスタンスを守り実施
	2020 年度	4～6，2～3 月中止 7～1 月希望施設のみ実施
	2021 年度	4～12，2～3 月中止 1 月のみ実施
	2022 年度	4～5 月中止 6～3 月実施
東京都	2020 年度	感染防止対策として原則すべての駐車場で，車外に机を設置して貸出 手指消毒のための消毒液を設置
	2021，2022 年度	手指消毒のための消毒液を設置
	2020 年度	図書館の臨時休館に合わせて BM も巡回中止とした。
	2021，2022 年度	車内の人数制限及び消毒液・非接触型体温計を準備し運用した。
神奈川県	2020，2021 年度	緊急事態宣言中は小学校への訪問は無し
	2020 年度	・出発前にアルコール除菌を実施 ・運転席と書架部をビニールカーテンで仕切り，一度に車内に入れる人数を 2 名に限定
新潟県	2022 年度	新図書館開館準備のため 4 か月間循環中止
富山県	2020，2021，2022 年度	小学校巡回の際，車内混雑回避の為，車内の図書の入ったコンテナを 2 個車外に設置
石川県	2020 年度	・予約図書貸出と返却受取を軽四で実施 ・返却は外で受取 ・ドアを開けておく
	2021，2022 年度	検温，マスク着用依頼
	2020，2021 年度	サーキュレータによる車内の換気や消毒液による返却図書表面の拭き取りなどを実施
	2022 年度	サーキュレータによる車内の換気や消毒液による返却図書表面の拭き取りなどを実施（拭き取りは 12 月まで実施）
長野県	2020 年度	コロナ禍当初は，図書館が休館中は移動図書館も休止していたが，

117

		図書館が開いていないときだからこそ巡回しようという方針に変わった。 本の消毒，ソーシャルディスタンス，マスク着用に留意しての巡回
	2021，2022 年度	本の消毒，利用者とのソーシャルディスタンス，マスク着用
	2020 年度	巡回中止期間は，予約済の本のみ貸出した。通常貸出及び新規予約は不可。返却は可
	2021 年度	図書館閉館時期において，予約本受渡しのみ対応する。 臨時窓口を開設した期間と合わせて BM も巡回をした。
岐阜県	2020 年度	3/3-6/1 全館休館 窓口にシート，手指消毒，マスク着用のお願い等 返却本の消毒（本ふき）
	2021 年度	8/21-9/30 全館休館 窓口にシート，手指消毒，マスク着用のお願い等 返却本の消毒（本ふき）
	2022 年度	対策はそのまま継続
	2020，2021，2022 年度	小学校への巡回を中止
静岡県	2020，2021，2022 年度	密にならないよう案内
	2020 年度	マスク，消毒の実施 8 月に臨時巡回を行った。
	2021 年度	マスク，消毒の実施 巡回回数を増やして学年を分けて利用したり，人数制限した小学校もあった。
	2021 年度	マスク，消毒の実施
	2020，2021，2022 年度	マスク着用
	2020 年度	2020 年度 1 ヶ月だけ休業
	2021，2022 年度	通常どおり
	2020 年度	コロナの影響により 2020 年 4 月 20 日から 2020 年 5 月 8 日まで運休。振替なし
	2021 年度	コロナの影響により 2022 年 1 月 28 日から 2022 年 3 月 7 日まで運休。振替なし
	2022 年度	運休なし。コロナもおちつき，コロナ禍前の活気も戻ってきた
	2022 年度	新車への更新 更新 PR を兼ねてイベントへ出展
	2020，2021，2022 年度	マスクの着用・シールドをして巡回 消毒液も設置して利用者に消毒を呼びかけた。
愛知県	2020 年度	当館の移動図書館は市内小学校への巡回（全 12 校，月 1 回）を主に行っています。児童それぞれが自分の利用カードを使って資料を借りていくだけでなく，クラスごとに発行している利用カードを使って毎月貸出した資料を学級文庫としてもご利用いただいています。 2020 年度の巡回については，まず前年度 3 月に学校が休校となったため，その時点でクラスに貸出していた資料はそのまま貸出期間の延長手続きを行いました。 2020 年 4 月，5 月は緊急事態宣言の発令に合わせて，移動図書館巡回が中止となったため 3 月同様に貸出している資料は貸出期間の延長手続きを行いました。 6 月から学校が再開する際は，図書館から案を 3 つ（1．本を選ぶ児童の数を減らす，2．移動図書館車内に入る人数の制限，3．学年・クラスごとに本を選ぶ時間をわける）伝え，学校ごとに対応を検討していただきました。学校の規模によって，低・中・高学年と時間

		をずらして貸出にくる，図書委員だけが本を選びにくる，などの異なった対応で巡回を行いました。
		2020，2021 年度　巡回先小学校と相談の上図書館が選書して団体貸出したり，時差で児童に利用してもらい密回避の工夫をしたりした。
		2022 年度　巡回先小学校と相談の上図書館が選書して団体貸出したり，時差で児童に利用してもらい密回避の工夫をしたりした。 一部緩和した。
三重県		2020 年度　図書館の臨時休館（4/17～5/26）に伴い，6/1 まで運休。（感染症拡大防止のため）
		2021 年度　図書館の臨時休館（8/27～9/30）に伴い，9 月中運休。（感染症拡大防止のため）
滋賀県		2020，2021，2022 年度　感染症対策に注力した。
		2020 年度　図書館閉館期間中移動図書館も中止した
		2021 年度　図書館閉館期間中の巡回日に各ステーションへ公用車で巡回し，返却受取りと予約受渡しをした。
		2020 年度　令和 2 年 4 月 21 日～4 月 30 日および 5 月は巡回を中止した。
		2021，2022 年度 ・混雑を避けるため，車内の積載数を減らした。 ・車内の利用人数制限を行った。
大阪府		2020 年度　4/8（水）～25（土）返却資料の回収のみ実施 5/1（金）～16（土）巡回休止
		2021 年度　5/1（土）～20（木）返却資料の回収のみ実施 5/21（金）～29（土）巡回休止 6/2（水）～19（土）返却資料の回収のみ実施
		2021 年度　4/25～5/11 巡回中止
		2020，2021 年度　学校・園等では密をさけるよう配慮をお願いした。
		2020 年度　2020 年 4 月～5/22 休館 （3/3～） その期間巡回中止 返却本の回収のみ実施
		2021 年度　2021 年 4/25～5/11 休館 この期間巡回中止 返却本のみ回収
		2020，2021 年度 ・図書館の休館に合わせて巡回を休止 ・図書館で予約本のみ貸出している時期は BM でも同様に対応 ・血圧計の利用中止
		2022 年度　血圧計の利用中止
		2020，2021 年度　代替車による予約本の貸出サービスを実施
		2020 年度　巡回中止中も，施設巡回先へは予約資料の貸出を行いました。 車内への立ち入り人数を制限して巡回。返却本はすぐ貸出せず持ち帰り，3 日間寝かせました。
		2021 年度　車内への立ち入り人数を制限して巡回しました。
		2020 年度　ステーションで返却図書受け取りのため，公用車で巡回を行った。
		2021 年度　ステーションに予約本を届けるため，図書館車ではなく公用車で配送を行った。
		2020 年度　予約資料のみの貸出
		2020 年度　4・5 月緊急事態宣言のため運休 病院の 3 ステーション運休
		2021 年度　病院の 3 ステーション運休

	2022 年度	病院の 2 ステーション運休
	2020，2021 年度	図書館の臨時休館中は巡回中止した
兵庫県	2020 年度	図書館閉鎖に伴い，臨時窓口で対応。移動図書館車を玄関前に設置し，"青空図書館" として貸出対応
	2021 年度	定期巡回の中で，小学校のみ巡回を中止
和歌山県	2020 年度	緊急事態宣言等が出される前の時期であり，図書館も感染防止対策を実施しながら開館しており，移動図書館も同様に対策を行いながら巡回を継続
	2021 年度	緊急事態宣言等の期間中は移動図書館の巡回も中止
	2022 年度	感染防止対策を実施しながら巡回を継続
	2020，2021，2022 年度	返却本の外側部分を消毒した（アルコールで拭いた）
鳥取県	2020 年度	手指消毒の設置，マスクの設置，本の消毒
	2021，2022 年度	乗車人数の制限（一度に 2 名まで），本の消毒
島根県	2021 年度	来館困難者宅への個別訪問を開始
	2022 年度	前年度からの個別訪問を継続
	2020 年度	島根大学は 6 月，9 月を中止 10 月は受付票を記入し実施
	2021，2022 年度	島根大学は受付票を記入
岡山県	2020，2021，2022 年度	おはなし会，回想法の中止，貸出，返却，予約のみ，施設によって玄関又は車内で貸出を行った。
	2020 年度	国の緊急事態宣言をうけて閉館中も，希望する小学校へ巡回
	2020，2021 年度	図書館臨時休館の期間は移動図書館も巡回中止
	2020，2021 年度	通常通りの巡回貸出を実施した。
広島県	2020，2021，2022 年度	感染予防対策の徹底
	2020，2021 年度	予約受取，返却，再貸出のみ
	2020，2021 年度	返却と予約資料の貸出のみ行う期間があった
	2020，2021 年度	対面をさけるなどの感染対策をしながら実施
	2022 年度	マスク等の感染対策をしながら実施
山口県	2020 年度	2020.4.5～5.25 巡回日程表通り巡回し車外で返却・予約資料受け渡しのみ対応
	2021 年度	図書館休館時に巡回した場合には，車外で返却・予約資料受け渡しのみ対応
	2022 年度	車内が密にならないように気をつけた。
	2020 年度	手指消毒液の設置 職員のフェイスシールド着用
	2021 年度	手指消毒液の設置
	2022 年度	手指消毒液の設置 感染症対策を考慮した設計の車両に更新し，車内通路を広くし受付窓口を 2 ケ所設置して混雑を避けた。
	2020 年度	一部ステーションへ返却本消毒のための職員を増員した。
	2020 年度	本の消毒
	2021 年度	クラスター発生時には，そのステーションのみ中止
	2020 年度	予約本の受け渡しのみ 在館本の予約受付は 1 冊のみとし，次回運行時に受け渡し リクエストの受付
	2021 年度	平常通り
	2022 年度	（休館なし）平常通り
	2020 年度	図書館の閉館に合わせて移動図書館の運行も中止。本の返却期間を延長した。（4/13～5/18 中止）
	2021 年度	図書館の閉館に合わせて移動図書館の運行も中止。本の返却期間を

		延長した。（8/26〜9/26 中止）
徳島県	2021 年度	巡回中止期間のうち，予約本の貸出のみ行った期間あり
香川県	2020 年度	4/21〜5/10 休館により中止
	2021，2022 年度	同時に利用する人数を制限
	2020，2021 年度	コロナウイルス感染症対策を講じながら，定期巡回を継続した。またイベントに合わせ地域図書館に臨時巡回した。
	2022 年度	イベントに合わせて，臨時巡回を行った。 巡回先の保育所にて絵本の読み聞かせを行った。
愛媛県	2022 年度	コロナ禍の中止ではなく，システム更新のため休館（全館）
	2020，2021 年度	図書館の臨時休館と同じ期間
	2022 年度	高齢者施設は感染拡大期間は施設側からの依頼により該当施設のみお休みした。
	2020 年度	巡回中止期間でも，予約本のみ移動図書館車両ではない車両で各ステーションに配送
	2020，2021 年度	エアコン故障のため 8〜9 月は公用車で運行（旧移動図書館車）
	2022 年度	新車導入によるステーション見直しにより巡回場所がほぼ変更
福岡県	2022 年度	巡回先でコロナ感染者，濃厚接触者が確認された場合，中止。返却回収のみ行う。 施設内での読みきかせ用のセット貸出（30 冊ほど）を希望される所へは貸出
	2020，2021 年度	臨時巡回時は，予約資料のお渡し，返却のみ行った
	2020 年度	図書館休館期間中は移動図書館も休館していたが，返却及び予約本の受渡しのみを公用車を用いて行った時期もあった。
	2021 年度	図書館休館中は移動図書館も休館し，本館で予約本のみ貸出を行った。休館後の 6/20 以降は車内の人数制限を行うなど感染拡大防止に配慮して巡回
	2022 年度	引き続きコロナ感染拡大防止のため，車内の人数制限を続けながら巡回 利用人数，貸出冊数とも前年度より増加
	2020 年度	飛沫シート設置 車内閲覧人数制限
	2020，2021，2022 年度	緊急特別コロナ警報時中止
	2020 年度	2020 年 4 月〜8 月
	2021 年度	5 月 17 日〜6 月 18 日 8 月 11 日〜9 月 30 日 8 月 2・4・5 日 児童クラブ巡回
佐賀県	2020 年度	本館が閉館していたため予約本の受取を移動図書館でされる方が多くいらっしゃいました。
	2021 年度	おはなし会は巡回先の意向に沿って，中止となることもありました。
	2022 年度	通常巡回に戻りつつありますが，老健施設でのおはなし会は中止のままです。
	2020，2021，2022 年度	手指消毒，貸出資料の消毒
	2020 年度	館の判断，および施設の判断により中止とした期間があった。それに伴う臨時代替等の巡回はおこなっていない。
	2021，2022 年度	高齢者施設から感染状況を考慮しての要望によって一時的に中止した時期もあった。
長崎県	2020 年度	4 月 22 日〜5 月 11 日全館臨時休館
	2020 年度	職員，利用者共にマスク着用，手指消毒

	2021 年度	職員，利用者共にマスク着用，手指消毒 館内 5 人までに制限 学校によっては，児童の選書時間短縮のため，貸出冊数を減らされた（5 冊→3 冊）。
	2022 年度	コロナ感染者が出た施設から，中止の依頼
	2020 年度	入室制限等
熊本県	2020 年度	図書館で中止を決めた。
	2021 年度	施設側の希望により巡回しないステーションもあった。
	2022 年度	ステーション側からの要請で中止した事はある。
	2021 年度	21 年度 7 月より巡回を再開
	2020，2021 年度	・フェイスシールドの着用（職員） ・マスク着用（職員・利用者） ・手指の消毒 ・密を避けての利用 ・貸出・返却図書の消毒
	2022 年度	・マスク着用（職員・利用者） ・手指の消毒 ・貸出・返却図書の消毒
	2020 年度	車内への人数制限
	2021，2022 年度	コンテナに児童書 50 冊〜（各所の希望冊数）を配達し，2 週間ごとに入れ替えを行った。
	2022 年度	施設の希望での中止あり。
大分県	2020 年度	図書館の休館に伴い，中止した。
	2021 年度	密をさけるため，ブックトラック 4 台を積載する補助車と図書を購入
	2020，2021，2022 年度	小学校に訪問する直接貸出は中止 代替対応で本のリクエストをもらい配送
	2020 年度	巡回施設の利用者で感染者が出た場合，巡回を中止することがあった。
	2021 年度	学校などでクラスターが発生した場合，巡回を中止する期間がある時もあった。
	2022 年度	高齢者施設などで求めがあった場合は一部巡回を見送った施設もあった。
宮崎県	2020 年度	図書館が閉館中，移動図書館は運行した期間「本の福袋」（1 袋に司書が選んだおすすめの本が 3 冊入っていて，利用者カード 1 枚につき 1 袋貸出を行う）の貸出を実施
	2021 年度	手指の消毒 移動図書館内の人数制限（5 人まで）
	2022 年度	手指の消毒 移動図書館内の人数制限（5 人まで） 感染防止対策を行いながら巡回
鹿児島県	2020 年度	巡回中止をこちらからしたことはなかったが，施設側から，休校・休業のため中止となったことはあった。
	2020 年度	図書館，移動図書館ともに臨時休館した期間もあったが，利用者からご要望を頂き移動図書館のみ開館した期間もあった。
	2021 年度	学校での開館の際には，児童・生徒たちに 3 密防止を呼びかけて頂くようご協力をお願いした。

資料編

	2022 年度	コロナの影響は特になかった。
	2020，2021，2022 年度	・巡回場所から，中止の要請があり，とりやめた場合があった。（小学校） ・ステーションによっては，中止する施設があった。
	2020，2021，2022 年度	コロナ対策を行い巡回
	2020 年度	4/23〜5/11（コロナによる休館）
	2021，2022 年度	マスク着用，手指消毒の励行，学年の代表のみ利用など 巡回先の方針によった利用
沖縄県	2021 年度	新型コロナ感染拡大による県内の「緊急事態宣言発出」により図書館も臨時休館となったため，移動図書館も巡回中止となった。
	2020，2021 年度	運休時，BM 車で運休のアナウンスを実施 運休中も巡回先での予約受取は対応
	2020 年度	県のコロナ対策を基に巡回を実施
	2021 年度	県の方針に準じ巡回を安全対策のもと実施 他市町村の運営に鑑み巡回を実施
	2022 年度	マスク，手指消毒のご協力をお願し巡回を実施
	2020 年度	巡回先の学校等が休校になり巡回ができないことがあった。巡回再会後は車内利用人数を制限しながら案内した。
	2021，2022 年度	感染症対策の為，車内利用人数を制限しながら案内
	2022 年度	利用者の密を避けるため，利用人数の多いステーションは車両 2 台で巡回する対応をとった。

町村立図書館

北海道	2020 年度	5 月 1 ヶ月間運行休止 町内小学校へ，夏，冬休み前の特別運行実施。コロナ禍のため実施方法を一部変更。（乗車人数の制限）
	2021，2022 年度	乗車人数を制限するなどの感染対策を行い，運行を継続
	2020 年度	運行後は個人宅や比較的コロナの影響が少ない施設等から除々に巡回を再開した。 1 度に乗車できる人数制限，消毒
	2021 年度	消毒・人数制限
	2022 年度	消毒
	2020，2021 年度	公民館などの駐車場で貸出を行った。 図書館車内に入る利用者の人数を 1 人ずつに限定した。
	2020 年度	4/18〜5/15 図書館の臨時休館期間は巡回中止
	2021 年度	5/18〜6/20 図書館の臨時休館期間は巡回中止
	2020 年度	個人宅については希望次第巡回
	2021 年度	小学校では，一時期時間差で乗車（学年毎）
	2020，2021，2022 年度	一部の高齢者施設への巡回を休止
	2020，2021，2022 年度	マスク着用，手指消毒
	2020，2021，2022 年度	SP は学校のみ，かつ 1 日 1 校のみの訪問であるため，手指消毒の徹底，乗者人数の制限をしながら，運行を続行した。
	2020 年度	新型コロナの関係で，学校が休みになり，その分の授業を夏休みを減らして行っていたため，当館も臨時巡回を行った。
	2021 年度	新型コロナの関係で巡回を中止することはあったが，委託日数の関係で臨時巡回は行わなかった。

	2022 年度	・利用者のマスク着用のお願い ・保護シートの設置 ・換気 ・消毒用アルコールの設置
	2020，2021 年度	臨時休館に合わせて運休した。 運行時はソーシャルディスタンスにより行なった。
	2020 年度	緊急事態宣言による図書館の休館に伴い巡回を中止。その後，学校等の休校中は商店等への配本を中心に再開した。また，普段行かない幼・保へ大型絵本を臨時で配本するなども行った。
岩手県	2020，2021，2022 年度	・消毒アルコール設置 ・貸出カウンター透明仕切り板設置 ・1 度の乗車人数制限（小学校等） ・返却図書の拭き掃除
宮城県	2020 年度	コロナ感染防止のため 6 月開始を 9 月からの開始に変更
	2021 年度	6 月から開始したが緊急事態宣言発令のため 9 月は中止
	2022 年度	手指消毒等はもちろん車内が密にならないよう人数制限をしながら実施
	2020 年度	学校が休校により巡回中止 その為，夏休み期間短縮により臨時巡回を実施
山形県	2020 年度	学校や教育委員会と話し合い 4 月は全小学校で 5 月は一部の小学校で巡回を中止
	2021 年度	学校の申し出により 2 校で 1 回づつ巡回中止
福島県	2020 年度	試験走行 集会所を訪問（学校は訪問しませんでした）
	2021 年度	小学校巡回（集会所は訪問しませんでした）
	2022 年度	小学校巡回（集会所は訪問しませんでした） 試験走行
栃木県	2020 年度	巡回先の要望や町とのやりとりの上都度決定
埼玉県	2020 年度	2020 年 4～5 月巡回中止
	2020 年度	2020 年 4 月～2020 年 7 月巡回中止
新潟県	2020 年度	巡回先の小学校休校に合わせて巡回中止した期間あり 再開後は利用できるクラスを巡回日ごとに制限し，密にならないよう対策した。
	2021 年度	新潟県からコロナに関する「特別警報」が発令され，図書館が休館した際，巡回中止した。
	2022 年度	三密対策を少しずつ緩和しながら，巡回を実施した。
石川県	2020，2021 年度	小学校・保育園・病院・高齢者施設の巡回中止
	2022 年度	徐々に小学校再開，一部の高齢者施設も OK（ただし，対面はダメ）
長野県	2021，2022 年度	一部施設からお休み連絡があり，行かない時もあった。
滋賀県	2020，2021 年度	町内各字への巡回実施
和歌山県	2020，2021，2022 年度	絵本の読みきかせを行った。
鳥取県	2020 年度	図書館の利用制限中（4/23～5/10）は BM も休止
	2020 年度	全て中止
	2021 年度	月によって中止 本の消毒をした 手指の消毒をしてもらう
	2022 年度	ステーションによっては中止 本，手指の消毒

島根県	2020，2021，2022 年度	貸出，返却を車外でおこなう
広島県	2020，2021，2022 年度	学校のみ巡回を中止
福岡県	2020，2021，2022 年度	手指の消毒，マスク着用
熊本県	2020 年度	・4，5 月巡回中止（6 月再開） ・車内への乗車人数の制限 ・利用人数の多いステーションでは，本をコンテナに入れて車外に降ろし，車外で貸出
	2021，2022 年度	車内への乗車人数の制限
	2020 年度	福祉施設へは，行く前に電話で確認して巡回していた。
	2021 年度	町内でのコロナ感染者数を見て，福祉施設を中止にしたりしていた。
鹿児島県	2022 年度	高齢者施設，障がい施設は，担当者と確認し，中止をした月あり 2 カ所 1 回ずつ，計 2 回
公民館図書室等		
北海道	2020 年度	小学校への巡回なので，児童の安全第一に（自宅待機など）中止を通達された。
	2021 年度	回数は少ないが中止になった日はあった。通常は車内で本を選ばせるが，箱に入れて，車外で本を選ばせた（2020 年頃から）。
	2022 年度	中止は無かったが，密集をさけるため，車外での選書は継続している（2023 年度も）。
	2020 年度	各施設と相談し，バスで貸出するか，コンテナでの団体貸出とするかを決めて運行した。
	2021，2022 年度	前年度の運行方法で継続
	2020 年度	コロナにより，施設や学校など 1 ケ月程度巡回を中止
	2021 年度	コロナにより臨時休館 1 ヶ月～2 ヶ月程運行を中止
	2022 年度	基本的に巡回を実施，一部クラスター発生した施設への巡回のみ数回中止
	2020 年度	施設の休館に伴い，中止の対応を行った。 移動図書館車を利用している人，希望のある方は本を予約してもらい，家まで届けるサービスを行った。
	2021 年度	コロナ感染が多いときや，施設休館の際は同様に中止にする対応を行った。
	2022 年度	コロナ感染が多い学校は延期するなどの対応を行った。基本的には予定通り巡回を行った。
岩手県	2020 年度	車内にいる滞在時間を制限した（10～15 分程度）。 セット本での対応のみとした。
	2021 年度	車内にいる滞在時間を制限した（10～15 分程度）。
千葉県	2020 年度	2020 年 3/1～6/1 中止 2021 年 1/23～3/22 中止 車内 5 人以下 返却本の消毒
	2021 年度	車内 5 人以下 返却本の消毒
神奈川県	2020 年度	4/1～5/26 は巡回休止 巡回再開後も，感染拡大状況によって，高齢者施設のみ巡回を休止することがあった。
	2021，2022 年度	感染拡大状況によって高齢者施設のみ巡回を休止することがあった。
新潟県	2020，2021，2022 年度	車内に入る人数の制限
徳島県	2020 年度	図書館，BM 共に休室した期間があり，臨時の返却 BOX を公民館分館に設置した。読み聞かせボランティアも同行中止期間有

	2021 年度　前年度と比較して長期休止は減ったが，ステーション単位での休止はあった。読み聞かせボランティアの同行も中止期間有
	2022 年度　前年度と比較してステーション単位での休止は減少した。読み聞かせボランティアの同行は感染拡大状況を見て都度判断している。
鹿児島県	2020，2021 年度　職員のマスク着用

■編著者紹介

石川　敬史 (いしかわ　たかし)

1976 年生まれ。筑波大学大学院人間総合科学研究科教育基礎学専攻博士後期課程修了。博士（教育学）。工学院大学図書館管理課課長補佐，学校法人工学院大学総合企画室課長を経て，現在，十文字学園女子大学教育人文学部文芸文化学科教授，学科長，図書館長。

主な著書に，『図書館情報学事典』（分担執筆，丸善出版，2023），『文化の朝は移動図書館ひかりから：千葉県立中央図書館ひかり号研究』（分担執筆，日本図書館研究会，2017），『大都市・東京の社会教育：歴史と現在』（分担執筆，エイデル研究所，2016）『図書館の現場力を育てる：2 つの実践的アプローチ』（共著，樹村房，2014）などがある。

移動図書館の「いま」―全国移動図書館実態調査 2022

定　価：本体 2,000 円（税別）

2025 年 3 月 30 日　初版　第 1 刷　発行

編著者　石川敬史

発行者　公益社団法人　日本図書館協会
　　　　〒 104-0033　東京都中央区新川 1-11-14
　　　　電話 03-3523-0811　Fax 03-3523-0841

印　刷　藤原印刷株式会社

JLA202437
ISBN978-4-8204-2415-4

The Japan Library Association, Printed in Japan

本文用紙は中性紙を使用しています